Intervenção Psicológica e Social com Vítimas

Intervenção Psicológica e Social com Vítimas

VOLUME II – ADULTOS

2012

Sofia Neves (Org.)

INTERVENÇÃO PSICOLÓGICA E SOCIAL COM VÍTIMAS
VOLUME II – ADULTOS
AUTOR
Sofia Neves (Org.)
EDITOR
EDIÇÕES ALMEDINA, S.A.
Rua Fernandes Tomás, nºs 76, 78 e 79
3000-167 Coimbra
Tel.: 239 851 904 · Fax: 239 851 901
www.almedina.net · editora@almedina.net
DESIGN DE CAPA
FBA.
PRÉ-IMPRESSÃO
EDIÇÕES ALMEDINA, S.A.
IMPRESSÃO E ACABAMENTO
PENTAEDRO, LDA.

Novembro, 2012
DEPÓSITO LEGAL
350936/12

Toda a reprodução desta obra, por fotocópia ou outro qualquer processo, sem prévia autorização escrita do Editor, é ilícita e passível de procedimento judicial contra o infractor.

 GRUPOALMEDINA

Biblioteca Nacional de Portugal – Catalogação na Publicação

INTERVENÇÃO PSICOLÓGICA E SOCIAL COM VÍTIMAS

Intervenção psicológica e social com vítimas / org. Sofia
Neves. - (Psicologia)
2º v.: Adultos. - p. - ISBN 978-972-40-4946-5

I – NEVES, Sofia

CDU 159
    364

À minha família, por ser fonte inesgotável de amor.

Aos/às meus/minhas alunos/as (de hoje e de ontem), pelo estimulante desafio das aprendizagens em co-autoria.

Ao ISMAI, por dar-me espaço para ser quem sou (...ou asas para voar).

PREFÁCIO (VOLUME II)

Anunciava-se há dias, numa peça jornalística, a propósito da inauguração de uma exposição artística em Lisboa, que ler um livro é como ter o infinito nas mãos. Partindo da ideia de que os livros são janelas para o mundo, a jornalista exaltava a leitura como expressão concreta de liberdade, relembrando-me a importância da escrita como veículo de informação e, mais do que isso, como ferramenta promotora da transformação pessoal e social. A certeza de que um livro jamais se esgota em si mesmo, de que é por natureza incompleto e imperfeito, podendo ser reinterpretado e reescrito, vezes sem conta, por quem o lê, faz-me acreditar verdadeiramente que a leitura (como a escrita) pode colocar-nos o infinito nas mãos.

Alimentado pelo desafio pessoal da docência e da investigação nos campos disciplinares da Psicologia e da Vitimologia, este livro nasceu da vontade de partilhar com alunos/as, investigadores/as e profissionais dos mais variados ramos do saber conhecimentos teóricos e experiências profissionais no domínio da intervenção psicológica e social com vítimas crianças e adultas, convidando-os/as à reflexão, à reinterpretação e à reescrita. Assim, mais do que um livro de consulta, este pretende ser um instrumento de trabalho passível de ser reinventado por quem o manuseia.

Com vista a orientar e não a prescrever, esta obra reúne contributos de vários/as especialistas nacionais e internacionais de referência em Psicologia, Sociologia e Antropologia. Não tendo sido escolhidos/as ao acaso, estes/as especialistas corporizam a atualidade e o rigor da intervenção psicológica e social com vítimas. Refletem, por isso, nos seus textos, olhares informados e críticos sobre fenómenos criminais com manifesta relevância no panorama português e estrangeiro, lançando pistas para a discussão em torno das boas práticas a adotar em matéria de intervenção.

Optou-se, pela especificidade dos fenómenos em análise e respetivas intervenções, dividir esta obra em dois volumes, sendo um deles dedicado à intervenção psicológica e social com vítimas crianças e outro à intervenção psicológica e social com vítimas adultas.

O volume II desta obra versa sobre a intervenção psicológica e social com adultos/as vítimas de crimes e é composto por 7 capítulos.

No capítulo 1 – **Terapia narrativa de reautoria com vítimas de violência doméstica** – da autoria de Anita Santos e Marlene Matos, propõe-se uma intervenção junto de mulheres vítimas de violência doméstica baseada no modelo de reautoria.

No capítulo 2 – **Intervenção psicológica em grupo com mulheres vítimas de violência de género na intimidade** – Cecília Loureiro, Fábia Pinheiro e Sofia Neves apresentam uma proposta de intervenção em grupo com mulheres vítimas de violência de género, com base nas premissas das Terapias Feministas, do modelo *Mindfulness Based Stress Redution* e do *Coaching.*

No capítulo 3 – **Nunca é tarde para agir! Violência contra mulheres idosas no contexto das famílias** – Isabel Baptista, Alexandra Silva e Heloísa Perista discutem os desafios que se colocam aos e às profissionais no domínio da intervenção com mulheres idosas vítimas de violência no contexto das famílias.

No capítulo 4 – **Terapias Focadas no Trauma para Sobreviventes de Violação** – Michelle J. Bovin, Stephanie Y. Wells e Patricia A. Resick problematizam o suporte empírico das terapias focadas no trauma, descrevendo estratégias e dinâmicas de intervenção psicológica com vítimas.

No capítulo 5 – **Avaliação e intervenção psicológica no *burnout* e no *mobbing*: Reflexões sobre um caso** – Santiago Gascon, Michael P. Leiter, João Paulo Pereira, Maria João Cunha, Jesús Montero-Marín, Soraia Soares, Marta Lamarão e João M. Pereira apresentam um roteiro de intervenção para casos de *burnout* e *mobbing* procurando, através da apresentação de um estudo de caso, ilustrar os comprometimentos que uma situação deste tipo pode trazer para a saúde e o bem-estar das vítimas.

No capítulo 6 – **Intervenção psicológica com mulheres adultas vítimas de tráfico humano para fins de exploração sexual** – Sofia Neves apresenta, sistematiza e discute boas práticas de atuação em casos de vitimação por tráfico humano para fins de exploração sexual, propondo um roteiro de avaliação e de intervenção psicológica para vítimas adultas de sexo feminino.

No capítulo 7 – **Violências íntimas multimarginalizadas: Pensar e agir contra a normatividade** – Nuno Santos Carneiro sugere um roteiro-em--aberto para a intervenção psicossocial relacionada com as violências íntimas entre pessoas do mesmo sexo.

Agradecendo publicamente a todos/as aqueles/as que colaboraram nesta obra e fizeram a sua revisão, faço votos de que a leitura deste livro faça jus à ideia que serviu de mote à introdução deste prefácio, colocando nas mãos de cada um/a o infinito.

Sofia Neves

Terapia narrativa de reautoria com vítimas de violência doméstica

Anita Santos & *Marlene Matos***
*Instituto Superior da Maia, Portugal
**Universidade do Minho, Portugal

Resumo

A violência doméstica é um fenómeno que tem vindo a ganhar maior visibilidade social, acompanhada de um aumento das propostas de intervenção junto das mulheres vítimas nas mais diferentes áreas. Dentro da intervenção psicoterapêutica, propõe-se uma abordagem baseada no modelo de reautoria (White & Epston, 1990). São apresentados os pressupostos teóricos deste modelo, que assentam na influência social das histórias de vida trazidas para a terapia, que se tornam, por isso, dominantes e problemáticas. A mudança terapêutica, no caso das mulheres vítimas de violência doméstica, visa a promoção de um espaço terapêutico colaborativo no qual a mulher é convidada a dotar as suas histórias de vida de novos significados, que permitam a *performance* de novas ou renovadas facetas identitárias. Os processos de intervenção baseados nas fases de desconstrução da narrativa problemática, reconstrução e validação social de narrativas alternativas são apresentados e exemplificados com ilustrações clínicas.

Introdução

A violência doméstica contra a mulher tem sido considerada um problema social premente, uma vez que atualmente é o quarto crime mais registado em Portugal e o segundo entre os crimes contra pessoas. Em 2007, o Inquérito Nacional sobre a Violência de Género indicou que a prevalência da violência contra a mulher era de 38% (Lisboa, Barroso, Patrício, & Leandro, 2009).

No âmbito deste trabalho centramo-nos na violência doméstica contra a mulher, perpetrada pelo seu atual marido ou ex-marido, companheiro ou ex-companheiro, parceiro íntimo ou ex-parceiro íntimo, incluindo atos de violência física, sexual e psicológica.

A investigação internacional tem vindo a descrever os efeitos da violência doméstica nas vidas e bem-estar das mulheres. Os estudos em Portugal são igualmente esclarecedores sobre os efeitos negativos dessa violência nas vítimas. Estas estão em risco tanto para o desenvolvimento de perturbação psicológica e psiquiátrica, como para o desenvolvimento de doença física. A presença de perturbação de stresse pós-traumático, depressão, abuso de substâncias e vários tipos de perturbação de ansiedade tem sido documentada. A vítima tende a apresentar esquemas cognitivos negativos, relacionados com raiva, culpa, *coping* desadaptativo e, por vezes, sintomas dissociativos. A raiva é uma resposta comum nas vítimas de violência, sendo que a raiva internalizada pode contribuir para o desenvolvimento futuro de sintomas somáticos e depressivos. No entanto, quando externalizada, pode ser importante na cessação da violência. Por outro lado, a culpa relaciona-se com a dificuldade em sair da relação abusiva. O *coping* desadaptativo envolve a negação, o evitamento cognitivo e comportamental e a passividade (Foa, Cascardi, Zoellner, & Feeny, 2000). A investigação mostra que estas mulheres tendem a atribuir aos episódios de violência razões transitórias e atribuir à relação a responsabilidade pela violência. Estas atribuições podem ser, em parte, influenciadas por exposição prévia a comportamentos violentos na infância (Holtzworth-Munroe, 1988) que, por seu lado, poderão possibilitar o desenvolvimento de sintomas dissociativos (Foa et al., 2000). Refira-se, aliás, que em termos de custos económicos, estima-se que os encargos com a saúde da mulher vítima sejam superiores em 140 euros por ano face a uma mulher não vítima (Lisboa et al., 2009).

Em suma, e tendo em conta os múltiplos efeitos da violência, a literatura sugere, nalguns casos, a necessidade de psicoterapia.

A psicoterapia no âmbito da violência doméstica

As perspetivas tradicionais e predominantes de apoio à vítima, nomeadamente a intervenção em crise e a intervenção feminista, são dotadas de elevado pragmatismo na sua ação interventiva (Machado, 2004), visando a estabilização dos sintomas psicopatológicos e a promoção de condições de vida mínimas. Procuram também normalizar as reações sintomáticas, ou seja, os efeitos da experiência de vitimação, tentando transversalmente *empoderar* as vítimas, no sentido de promover competências e recursos para lidar com a situação de vitimação, negociando também os planos a implementar a curto-prazo.

Machado (2004), ao sistematizar as principais características destas terapias, enunciou também uma série de dilemas inerentes à intervenção psicológica com vítimas, nomeadamente dilemas teóricos. Um destes dilemas prende-se com a postura educativa do/a terapeuta, pois no âmbito das abordagens tradicionais este/a tende a adotar uma atitude de "superioridade", no sentido em que orienta a intervenção para aquilo que supostamente é "melhor" para a vítima. Por outro lado, a visão tradicional conceptualiza a mulher vítima como "sobrevivente", postura concebidas como limitadora da agência pessoal e da proatividade. Particularmente, a metáfora de "sobrevivente" parece implicar uma situação que reduz à díade dominante-dominado, ou homem-mulher, que coloca na mulher o ónus da pressão para estratégias de desafio constantes ao longo do seu percurso de "sobrevivência", impedindo o desenvolvimento de outras possibilidades ou versões de si mesma. Além disso, uma postura permanente de luta pode não ser congruente com os valores da mulher, que podem passar por manter uma relação de intimidade, com filhos e perspetivas de continuidade da família. Numa relação terapêutica, esta noção poderá repercutir-se negativamente nos resultados, uma vez que facilmente se poderá interpretar como uma recaída o movimento de aproximação da mulher vítima aos seus valores, como é, por exemplo, o regresso à relação. Neste âmbito, adquirem uma importância fulcral os contextos social e cultural das mulheres vítimas que não dispõem de repertórios discursivos e identitários para uma mulher autónoma e autodeterminada. Aliás, esta atitude pode até implicar, em última análise, um afastamento da rede social de apoio (Machado, 2004).

Tendo em conta estas dificuldades inerentes às terapias tradicionais, Matos e M. Gonçalves (2002, 2005) propuseram uma abordagem narrativa de reau-

A abordagem narrativa

toria para a intervenção com mulheres vítimas de violência doméstica. De seguida, explanamos os princípios estruturantes da abordagem narrativa na intervenção psicoterapêutica.

A abordagem narrativa

De acordo com O. Gonçalves (2000), a experiência humana é construída linguisticamente. A linguagem permite, por um lado, a construção de significado de e para o indivíduo e, por outro, a socialização desse conhecimento com os outros. Pela linguagem construímos as narrativas que organizam as experiências pessoais. A metáfora narrativa (cf. Bruner, 1986; Sarbin, 1986) preconiza que, ao construir o conhecimento, a narrativa promove a sua abertura a múltiplas significações. Segundo O. Gonçalves,

> ...viver narrativamente impõe ainda uma outra condição autoral a que só talvez o *homo sapiens sapiens* tenha acedido, e que nos distingue porventura das demais formas de existência e conhecimento – a capacidade de narrarmos os dramas da nossa existência e de, a partir destes, construirmos novas formas de significação e existência. [...] as narrativas não relatam realidades mas são as próprias narrativas que as criam. Daí que produzir uma narrativa seja transformar uma realidade (2000, p. 37).

As histórias que narramos acerca de nós próprios estruturam as nossas experiências num todo coerente. No entanto, a identidade pode ser definida como "uma construção em equilíbrio precário" (M. Gonçalves, 2003, p.39), constituída por narrativas que, num dado momento, são viáveis e ordenam a realidade, estando abertas à reconstrução. Os indivíduos percebem as suas vidas narrativamente, são histórias únicas, pois atribuem sentido ao que lhes acontece através das histórias que constroem acerca de si mesmos (Polkinghorne, 2004). No entanto, tendemos a atribuir significado dentro das formas de inteligibilidade que caracterizam as práticas discursivas da comunidade em que nos inserimos. Do ponto de vista do construcionismo social, a cultura providencia uma série de repertórios de vida que são internalizados e empregues pelos indivíduos para fazer sentido das suas vidas; no entanto, estas histórias podem ser constrangedoras.

Os indivíduos constroem as suas realidades à medida que as vivem socialmente (Freedman & Combs, 1996), sendo que as crenças, os costumes sociais, e os hábitos são desenvolvidos através da interação social ao longo do tempo. A linguagem, enquanto um processo interativo, informa-nos sobre como ver o mundo e o que ver nele. As conversações são oportunidades para desenvolver novas linguagens negociando novos significados para as crenças, os sentimentos e os comportamentos problemáticos, na medida em que novos significados conferem legitimidade aos novos pontos de vista da realidade.

Partindo deste pressuposto, a terapia narrativa convida a vítima a descrever a sua experiência numa nova linguagem, possibilitando novas significações.

Se as realidades em que habitamos são constituídas pela linguagem que utilizamos, então são mantidas e passadas nas histórias que vivemos e contamos. O papel central da narrativa é o de organizar, manter e fazer circular o conhecimento de nós próprios e do nosso mundo. Não são apenas importantes as histórias individuais, mas também as culturais e contextuais que as (in)formam.

Deste modo, as autonarrativas são as histórias que as pessoas contam acerca de si próprias, centrais para o trabalho na terapia. As histórias de vida são o conhecimento que os/as clientes possuem acerca de si próprios, englobando uma noção temporal da experiência e fornecendo o contexto para que esta ocorra, atribuindo-lhe significado de acordo com o seu guião identitário.

Terapia narrativa de reautoria

Segundo White e Epston (1990), as histórias culturais determinam a forma das narrativas individuais, pois as pessoas fazem sentido da sua vida através das histórias culturais nas quais cresceram e das narrativas pessoais que construíram em relação às narrativas culturais dominantes, que especificam formas de estar.

Em qualquer cultura, as suas narrativas influenciam os significados relativos a determinados acontecimentos de vida, classificando uns como importantes e outros como insignificantes. Quando as narrativas de vida têm significados dolorosos ou não oferecem alternativas viáveis, podem ser modificadas de modo a construir novas narrativas, dando voz a acontecimentos diferentes, que ainda não foram narrados, ou construindo novos significados a partir de acontecimentos já historiados. Os indivíduos podem resis-

INTERVENÇÃO PSICOLÓGICA E SOCIAL COM VÍTIMAS

tir às narrativas dominantes que são opressoras, procurando novas histórias para si próprios. A terapia narrativa passa por recontar, reviver e resignificar as histórias vividas. Deste modo, apoia os/as clientes na revisão das histórias dominantes e opressivas e na transformação para outras, com agência pessoal e responsabilidade, enfatizando as competências do/a cliente, ao invés de procurar sintomas ou a fonte dos seus problemas (Freedman & Combs, 1996).

A terapia narrativa de reautoria sofreu, no seu desenvolvimento, a influência da metáfora narrativa de Bruner (1986), já explicitada anteriormente. A influência de Bateson (1999) incide na sua ideia de que é pela distinção face a algo (como plano de fundo) que conseguimos compreender algo como diferente. Por outro lado, as explicações negativas permitem perceber os constrangimentos e limitações no curso desenvolvimental dos acontecimentos. Assim, entende-se que as mulheres vítimas podem ser constrangidas na sua ação ao longo das suas experiências. A proposta de Foucault (1986) denota-se na tendência para internalizar as narrativas dominantes da nossa cultura, como sendo a verdade acerca da nossa identidade. Ora, estas narrativas dominantes tendem a cegar-nos para as possibilidades de outras narrativas alternativas (White & Epston, 1990).

Para White e Epston (1990), as pessoas procuram a terapia quando as narrativas dominantes as impedem de viver as narrativas preferidas ou quando vivem histórias insatisfatórias. Neste caso, as histórias saturadas pelo problema que as mulheres vítimas criam acerca de si mesmas tendem a utilizar os repertórios disponíveis socialmente para atribuir significado à experiência de violência, influenciando o modo como se veem. A reificação e legitimação das influências das instituições culturais constrangem muitas vezes as mulheres, levando-as a considerar desejáveis certas opções, mas cegando-as face a outras. Criam, dessa forma, constrangimentos e impedem-nas de pontuar as exceções que vão produzindo nas narrativas, mas que não valorizam.

Terapia narrativa de reautoria com vítimas de violência doméstica
Segundo Ayter (2004) a terapia tradicional de índole individual com as mulheres vítimas de violência doméstica torna invisíveis os aspetos societais relacionados com formas de poder na sociedade, que se refletem nas formas de subjetividade dominante e dominadas. Por outro lado, a perspetiva patologizadora obscurece a responsabilidade e a agência pessoal. Deste modo, a visão

construcionista social permite olhar para a subjetividade e intersubjetividade, nomeadamente como estas se produzem e manteem. A conversação terapêutica é então dialógica, permitindo a narração de histórias com um guião para o futuro, promovendo a agência pessoal da vítima.

A terapia de reautoria promove a reconstrução de narrativas alternativas e preferenciais. No caso das mulheres vítimas de violência, os relatos que trazem à consulta são dominados pelos problemas, constrangidos socialmente (e.g., *a culpa é minha, deveria ter sido capaz de proteger os meus filhos*). Os efeitos do abuso, como a culpa no caso do exemplo anterior, são altamente internalizados pela própria, em função dos discursos socialmente disponíveis e aceites. Esta acaba por ser a única forma disponível para interpretar esta experiência e para construir significados acerca dela. No caso da culpa, por exemplo, como que se funde na visão da sua identidade, identificando-se como culpada. O facto de se sentir culpada coloca a responsabilidade em si própria, inviabilizando novos percursos de ação. Tornam-se assim histórias problemáticas, ou saturadas, acerca de si (e.g., *incapaz, má esposa, impotente*), validadas por audiências externas (familiares, sociais) que legitimam a dominação masculina. Estas histórias são totalitárias, em geral, com caráter invalidante e desqualificador (Matos, 2000). O problema da violência conjugal é, assim, alimentado pelos discursos sociais que sustentam a dominação masculina e que as mulheres envolvidas frequentemente internalizam.

Na terapia narrativa de reautoria pretende-se que as mulheres se afastem das narrativas problemáticas que as impedem de viver preferencialmente, pela emergência de novos significados identitários. A terapia pretende ser um espaço que promove recursos narrativos e discursivos de novas autorias de histórias de vida das vítimas. Reautoriar é criar novos guiões que permitam novos exercícios de identidade e significações, reapropriando a experiência passada através de quadros de entendimento alternativos, bem como projetar a narrativa alternativa para o futuro.

Pretende-se, com a terapia, promover a elaboração de novas versões de identidade (associados a significados como agência pessoal, poder, competência), que contrastem com a posição de vítima (associada a significados de sofrimento, desânimo, falta de poder).

A intervenção narrativa visa a (re)construção de um novo argumento, que não necessariamente o oposto, mas diferente, permitindo dar um sentido alternativo à sua experiência e perceber novas opções. A mulher vítima é envolvida diretamente nesta construção de significado no sentido do *empoderamento* (Matos, 2006).

A relação terapêutica é, segundo Gonçalves e Henriques (2000) um processo de construção colaborativa. A mulher e o/a terapeuta atuam enquanto colaboradores (Gergen & Warhuus, 2001), numa atividade discursiva interpessoal pautada pela constante postura de curiosidade do/a terapeuta acerca do conhecimento local de cada indivíduo.

Proposta de intervenção

Objetivos
A narrativa de reautoria com mulheres vítimas de violência doméstica envolve (Machado & Matos, 2001; Matos, 2006):

a) Definir o problema (origens, evolução, precipitantes, dinâmicas abusivas) e detalhar o seu impacto na vida da vítima
b) Reduzir os efeitos do problema de forma a despatologizar a sua condição, desafiar vozes de incapacitação e promover a desidentificação com a narrativa problemática
c) Identificar narrativas e expandir novos cenários de ação, pela identificação e ampliação de resultados únicos
d) Consolidar os resultados únicos numa narrativa preferencial e validar as mudanças

A mudança narrativa compreende, em síntese, o desenvolvimento de histórias alternativas que potenciam novos significados, satisfatórios, viáveis e abertos (White, 1994, 1995, 2004; White & Epston, 1990). A identificação de histórias pessoais excecionais que desafiam as histórias saturadas leva ao desenvolvimento de novas narrativas pessoais ou de reautoria. "...alternative stories can be generated or regenerated through a performance of meaning around unique outcomes" (White & Epston, 1990, p. 32). A identificação de histórias alternativas oferece novas formas da vítima se perceber e de se valorizar em relação com os outros. Estes novos argumentos identitários facilitam a emergência de significados diversos e preferenciais.

Avaliação

De um ponto de vista narrativo, avaliar implica conhecer a mulher da forma como ela quer ser conhecida, ouvir acerca da vida da vítima fora do problema, ouvir as histórias de largo espectro além daquelas acerca do problema, bem como perceber o que é problemático nas histórias. É aconselhável também dar espaço e tempo para que a mulher vítima reflita sobre as suas narrativas à medida que elas surgem e dar visibilidade aos efeitos nas normas culturais na sua vida.

Porém, no âmbito da interface entre a Psicologia Clínica e da Justiça, não se podem subtrair do processo avaliativo os métodos mais formais, como os questionários. Além disso, na própria entrevista clínica devem ser tomados em conta fatores de absoluta importância para a compreensão da experiência de vitimação. Tal como se propõe em Matos (2011), sugere-se então o seguinte protocolo:

a) Avaliação das preocupações da vítima
b) Origem e evolução do problema (violência)
c) História pessoal e funcionamento em diferentes áreas
d) Validar a história de vitimação: Identificar dinâmicas abusivas, quebrar perceção de caso único, identificar táticas abusivas do parceiro
e) Avaliar o risco de homicídio conjugal
f) Elaborar o plano de segurança

O processo de intervenção

Esta proposta terapêutica resulta da aplicação dos princípios da intervenção terapêutica de reautoria ao contexto da vitimação criminal, nomeadamente junto de mulheres vítimas de violência doméstica. Neste sentido, este trabalho pretende sistematizar os passos principais, ilustrados a partir de exemplos clínicos. O processo de mudança é assim construído ao longo de três vertentes: a) Desconstrução: externalização do problema, a sua influência e argumentação; b) Reconstrução: criação de vozes alternativas através da identificação e ampliação dos resultados únicos; e c) Consolidação: através da validação social.

Na desconstrução, o primeiro objetivo terapêutico é ouvir as narrativas que as mulheres trazem e compreendê-las. Após o estabelecimento da relação terapêutica, o/a terapeuta deverá passar da escuta desconstrutiva para o questionamento desconstrutivo, de natureza intencional. Este tipo de questionamento convida as pessoas a olhar para as suas histórias a partir de diferentes perspetivas, perceber como foram construídas, notar os seus limites e também descobrir outras narrativas possíveis. Quando as pessoas percebem que as suas histórias são construções que podem ser elaboradas de forma diferente, estão em condições de as desafiar e de as modificar.

Convidar as vítimas a tomar consciência das histórias dominantes na sociedade em que vivem é o primeiro passo para que estas possam desenvolver formas de examinar colaborativamente os efeitos das mesmas. A estratégia fundamental de desconstrução é a externalização. Através desta, as histórias problemáticas são desconstruídas, permitindo examinar os problemas em detalhe e expor os discursos que os mantêm. Espera-se que, ao externalizar o problema, a identidade da mulher possa ser "descontaminada" pelas versões totalitárias acerca de si, abrindo espaço para a reconstrução de significados pessoais.

A partir do questionamento externalizador, estão criadas as condições para a reconstrução, abrindo-se um espaço discursivo facilitador da ocorrência dos resultados únicos, ou seja, acontecimentos não previstos pela história saturada pelo problema. Os resultados únicos são episódios narrativos fora da narrativa problemática e não são congruentes com as regras da mesma. Habitualmente, quando a vítima inicia o processo terapêutico, estes episódios são facilmente relativizados, ou mesmo negligenciados. Tratam-se então de ações, comportamentos, pensamentos, ou mesmo sonhos, que são narrados, mas minimizados face ao problema dominante. Estes episódios são depois debatidos e ampliados de modo a constituir novas histórias. Reconstruir é, pois, o processo pelo qual, a partir dos resultados únicos, se inicia a construção de discursos alternativos, expandindo a narrativa para o futuro.

O processo terapêutico é, então, composto pela externalização e o enquadramento discursivo do problema (Desconstrução); a identificação e ampliação de resultados únicos (Reconstrução) e, por fim, a validação social (Consolidação).

A externalização

Numa fase inicial do trabalho terapêutico com mulheres vítimas de violência doméstica é necessário, na fase de estabelecimento da relação terapêutica, criar um clima securizante e de confiança. Neste contexto, torna-se imperativo a normalização da experiência à medida que esta vai sendo revelada. Segundo Machado e Matos (2004) num programa de intervenção narrativa é necessário caracterizar a experiência de vitimação, o que permite desde logo a definição do problema que a vítima traz, o que é muito importante para a externalização. Esta fase de exploração permite que as mulheres vítimas de algum modo expressem reações emocionais que são validadas na terapia e normalizadas. Por outro lado, ao dar a conhecer todas as dimensões do maltrato, inicia-se o processo de reatribuição da responsabilidade pela relação violenta ao ofensor. Ao atribuir uma dimensão criminal ao maltrato, bem como o estatuto de crime público alerta-se para a problemática, rompendo com a sensação de "caso único".

Posteriormente é essencial, de acordo com vários modelos de intervenção, a psicoeducação e o debate acerca das dinâmicas da violência (cf. Walker, 1994). Estas dinâmicas envolvem o ciclo vicioso entre o aumento/escalada da tensão, episódio agressivo e acalmia (ou fase de lua de mel). Com efeito, é esta última fase que frequentemente promove a permanência da mulher na relação abusiva, pois sustenta a esperança na mudança no agressor. A ilustração seguinte reflete o modo como Maria, vítima de violência doméstica, apreende as dinâmicas da violência em terapia.

> Maria: Eu agora vejo essa pessoa com duas faces diferentes, são diferentes, como se tivessem duas personalidades dentro de si e nós podemos optar por uma, e escolhemos sempre a melhor, não ligamos tanto ao pior. Sabemos que depois do pior vem sempre... a calmaria...

Desde o início da intervenção, o/a terapeuta deve estar atento aos relatos da vítima, nomeadamente às suas dimensões totalitárias e opressivas. A linguagem externalizadora "envolve de alguma forma a imaginação do problema separado da pessoa" (Gonçalves, 2011, p. 20). Deste modo, o problema que tem vindo a ser dominante e opressivo na vida da vítima é externalizado. As primeiras tarefas de externalização envolvem identificar o problema e, ao mesmo tempo, normalizar as reações da vítima, bem como clarificar o mapa de influência do problema na sua vida. Sendo assim, podem ser externalizados os efeitos da vivência de violência doméstica que podem ser emocionais, como o medo, a culpa, a tristeza, a vergonha, a pena, mas também a forma de pensar e agir (e.g., crença na esperança da mudança do ofensor, desculpabilização, racionalização excessiva, submissão e pensamentos de desvalorização pessoal). Podem também ser externalizadas facetas da identidade que a vítima assume como problemáticas, como por exemplo, a "Maria insegura" ou "Joana sem valor" (Gonçalves, 2001). Estas podem também ser compreendidas no largo espectro do contexto de vida das vítimas. Tomemos como exemplo um caso de uma mulher que, ao longo da sua vida, sofre de vitimação múltipla desde a infância, passando por vitimação social advinda da pobreza, negligência parental e conflitos com os pares desde cedo. Desde logo a interseção de vários tipos de vitimação ao longo do tempo constituem uma cadeia complexa de significações pessoais que jogam no contexto das relações de intimidade. A faceta "Joana sem valor" foi não só construída, mas também "aferida" pela própria ao longo das suas experiências de vida, limitadoras e sem oportunidades de valorização pessoal. Face a uma conjugalidade violenta, esta faceta é preponderante. Conhecê-la e historiá-la permitirá perceber não só as circunstâncias envolventes da relação atual, mas também as passadas e o futuro. Se acrescentarmos ao facto de ser mulher, vítima de violência, pertencer a uma etnia minoritária, percebemos que vários vetores de vulnerabilidade podem potenciar exponencialmente uma condição de vitimação ao longo da vida.

Algumas questões que podem apoiar o/a terapeuta na tarefa de externalização na sessão terapêutica são: O que é problemático na vida da mulher? Qual é a natureza do problema? Como é que ele se mostra? Como é que a mulher se sente com este problema na sua vida? O que é que influencia a pessoa a pensar/sentir/agir desta forma? O que a impede de ter experiências que ela preferiria?

O problema é, então, visto como algo separado da pessoa, tendo um determinado impacto nela. Esta distinção é feita através do questionamento, colocando o problema num espaço discursivo em que o mesmo pode ser desafiado. É necessário ter cuidado para não colocar a mulher numa posição de revitimação (como numa posição de submissão perante o medo, ou culpa, ou vergonha), uma vez que está fragilizada pela relação violenta. Este tipo de questionamento sugere, desde logo, um contexto recetivo face a histórias diferentes, onde se podem compreender os problemas sem adjetivar a vítima como problemática ou detentora de psicopatologia, tornando as suas histórias menos restritivas, sendo precisamente esse o efeito de desconstrução desejado. Por exemplo, se a história narrada pela vítima é atravessada pelo medo, este pode constituir-se como o problema a externalizar. Para o/a terapeuta importa intencionalizar o questionamento de modo externalizador: "o que é que o medo a tem obrigado a sentir?"[1].

> *Terapeuta: Pareceu-me, a partir do que relatou acerca da história com o João, haver uma presença constante, que é o medo. Parece também que o medo surge aliado ao silêncio e uma falta de controlo sobre o que lhe acontece no dia a dia. Parece que há um domínio do medo...*
> Maria: Sim... Eu muitas vezes sinto-me obrigada a fazer... obrigada a fazer determinadas coisas que eu não queria fazer, porque sinto-me de tal maneira pressionada e atormentada que acabo por as fazer. O medo influencia-me bastante...

Nesta interação, o medo foi definido como o problema, trazendo efeitos específicos como o silêncio e a sensação de falta de controlo. Assim, a externalização passa por negociar uma definição do problema a partir da linguagem que a vítima utiliza acerca do mesmo. Se uma definição do problema não emerge, pode ser questionada diretamente: *O que chamaria a este problema contra o qual tem lutado? Como descreveria isto que a tem incomodado? Referiu a "tristeza". Essa seria uma boa definição para aquilo que a está a dominar? Pode dizer-me mais alguma coisa acerca da tristeza?*

Neste sentido, a terapia será uma oportunidade da mulher estabelecer uma nova relação com o problema (medo, tristeza). A externalização facilita, assim, a mobilização para a mudança, através da modificação da relação da pessoa com o problema, e não a pessoa (Gonçalves & Henriques, 2000). A externalização não deve promover a desculpabilização nem a atribuição externa de responsabilidade, mas antes mobilizar estratégias contra o problema.

Deste modo, potenciam-se novas possibilidades de relação entre a vítima e o problema, podendo ser um recurso. Na terapia podem ser criadas novas

---

[1] Pelo contrário, a questão "como se sente quando está com medo?" está colocada de modo internalizador, facilitando a identificação da vítima com o problema, uma vez que o este é entendido como um defeito interno da vítima, levando a uma potencial culpabilização e desvalorização.

relações, com maior complexidade com o problema, sendo que a vítima optará pela relação preferencial. Esta relação pode ser concetualizada em termos de metáforas. De entre as possíveis, podemos encontrar o protesto contra o problema (e.g, protesto contra a ocultação); a preparação para crescer (e.g., ultrapassar o problema da culpa através da reconstrução de significações pessoais e que a pessoa se recusa a aceitar as definições pessoais de que o problema necessita para sobreviver); e a aprendizagem de novas competências (e.g., que reduzam o efeito dos problemas) (Gonçalves & Henriques, 2000).

Freedman e Combs (1996) sugerem a definição de projetos terapêuticos alternativos, debatendo o seu contraste com o problema externalizado, pois ajuda a manter e a fortalecer os contra-argumentos, e promove a significação da experiência. O nome dos projetos pode mudar ao longo da terapia, uma vez que o/a terapeuta convida a vítima a moldar as suas perceções, pensamentos, sentimentos e ações de acordo com a mudança e contra-argumentos que consideram significativos para a sua vida.

A partir da definição do problema externalizado, é necessário detalhar a influência do mesmo na vida da vítima. A ilustração seguinte é um exemplo desta exploração em torno da influência do medo na vida da Maria.

Terapeuta: pelo que percebo, o medo era um aliado dele, com muito poder....
Maria: Eu com ele sentia que o medo estava presente, mas agora... aparece de repente...
Terapeuta: Na relação não tinha tanta consciência...
Maria: Não tinha consciência do que me provocava o medo, do quanto me transtornava.
Terapeuta: E isso ajudava-a ou prejudicava-a?
Maria: Prejudicava, claro! O medo nunca é bom... e nessas alturas muito menos, porque o medo de falar impediu-me de falar... de dizer o que pensava porque não sabia o que podia acontecer....
Terapeuta: O facto de não perceber nessa altura que estava contaminada pelo medo, não quer dizer que o medo fosse inferior.
Maria: Exato.
Terapeuta: Não tinha tanta consciência dele...
Maria: Eu sabia que o medo existia, mas não a noção do quanto era prejudicial à minha vida.

Terapeuta: O que é que mudou na sua relação com o medo? O que é que acontecia quando estava com ele e o que é que acontece agora?

Maria: Acho que tenho uma ideia mais clara do medo agora do que quando tinha com ele...

Terapeuta: Mais clara em que sentido? Mais aberta, mais libertadora?

Maria: Exato

Terapeuta: A outra era mais opressiva?

Maria: Era.

Terapeuta: A outra era como se a Maria e o medo fossem a mesma pessoa...

Maria: Eu achava que se calhar até era normal sentir-me assim, que tinha que ser mesmo e agora eu acho que não.

Terapeuta: o medo fazia-a pensar que era medricas por natureza! Quase que acreditou nisso!

Tendo em conta a questão do medo, apresentam-se alguns exemplos de questões externalizadoras (adaptado de Freedman & Combs, 1996):

a) *O que é que a torna vulnerável ao medo, de modo a que este domine a sua vida?*

b) *Em que contextos o medo se torna dominante?*

c) *O que é que acontece para desencadear o domínio do medo?*

d) *O que é que o medo lhe diz, de forma a obedecê-lo?*

e) *Que efeito tem o medo nos seus relacionamentos?*

f) *Como é que medo influencia nas suas dificuldades no presente?*

g) *O que diz o medo acerca das suas competências?*

h) *Em algum momento conseguiu dominar o medo? Como foi esse episódio e quais as estratégias que implementou?*

O passo seguinte passa por listar as influências do problema na vida da vítima, uma vez que permite manter a identidade do problema separado da mulher, criando um cenário alargado acerca do que se pode questionar da influência das pessoas no problema. Por outro lado, possibilita a mobilização da vítima contra os efeitos do problema. Os efeitos ou influências do problema na vida da vítima refletem-se nas diferentes áreas de vida (efeitos nos relacionamentos, impacto nos sentimentos, interferência nos pensamentos, efeitos na forma de ser do sujeito, ...). Pretende-se também explorar de que modo o

INTERVENÇÃO PSICOLÓGICA E SOCIAL COM VÍTIMAS

problema exerce a sua influência, nomeadamente as estratégias, as técnicas, os défices e truques que o problema tem recorrido na tentativa de dominar a vida do sujeito. Pressupõe-se que o problema tem objetivos que o levam a dominar a vida da mulher, possui aliados que o apoiam na sua manutenção.

Algumas das questões possíveis podem ser:

a) *Como é que a tristeza se dá a conhecer?*

b) *Como é o medo influencia o que as pessoas pensam acerca de si? E o que o medo o leva a pensar acerca de si próprio?*

c) *O que acontece quando o medo aparece?*

d) *Como é que o medo interfere na sua relação com a sua mãe? Que impacto tem no resto da família?*

e) *O que é que o medo o impede de fazer?*

f) *O que é que a tristeza faz para o convencer? Quando a tristeza vence, com se sente? Qual é o projeto da tristeza para a sua vida?*

g) *O que alimenta o medo? Quem beneficia com isso? Quem são os aliados do problema? Quem são os seus aliados?*

h) *Como é que se sente quando o medo surge?*

A exploração de resultados únicos pode decorrer como se exemplifica na seguinte ilustração clínica.

Terapeuta: Portanto a Maria tentou ter controlo sobre o que podia na regulação do poder parental.

Maria: Exatamente, o que pude controlar, eu tentei.

Terapeuta: Isto significa que na altura o medo não a dominou.

Maria: Não, não. Eu não deixei que ele viesse ao de cima, porque acho que é prejudicial, uma pessoa quando se deixa levar pelo medo perde as capacidades todas.

Terapeuta: Qual é o objetivo do medo para a sua vida?

Maria: O pior. É como disse a Dra., há uma parte do medo que é bom sentir, é medo...

Terapeuta: Associado à vigilância, alerta...

Maria: Estar sempre atenta ao que pode acontecer de pior...

Terapeuta: O "medo detetive"...

Maria: Depois há aquele medo que condiciona a minha vida pessoal, o medo de pensar, o medo de contar...

Terapeuta: *O medo paralisador, ou comprometedor, é aquele que queremos combater. O outro vai sendo ajustado conforme as circunstâncias, o medo associado à vigilância...*

Maria: Também me preocupa muito isso, mas quando tenho de sair saio, esta semana até sai bastantes vezes e não tive problema nenhum.

Terapeuta: *Exatamente, não permite que o medo a obrigue a isolar-se...*

Maria: Tenho de pensar nessa perspetiva, se não vou fazer tudo mal, tudo ao contrário, e atrasar a minha vida.

Terapeuta: *O medo foi uma característica imposta pelos maus tratos. O que é natural, qualquer mulher na sua situação que tivesse passado pelo que a Maria passou sentiria medo...*

Maria: Eu passei por momentos muito difíceis antes desta relação, de perda e muito sofrimento. E no entanto, isso não condicionou a minha vida, e às vezes penso se uma coisa não me fez mudar, o medo que surgiu com a relação com o João não me pode transformar noutra pessoa muito diferente daquilo que eu era.

Terapeuta: *Não quer permitir que o medo a transforme em alguém que, do ponto de vista do medo, de ser e de estar, é completamente diferente daquilo que queria ser. Então, o que é que nós queremos fazer ao medo? Repare, se nós eliminarmos o medo, o que é que pode acontecer? Acha que isso é um objetivo, ou não?*

Maria: É assim, até um ponto é. Sei que o medo também me faz ter mais cautela, sei que o medo, até um certo ponto, não deve ser eliminado.

Terapeuta: *Nós podemos reciclá-lo, reutilizá-lo. Pensar assim, qual é a parte do medo que nós podemos utilizar em prol da sua proteção? Ao fim e ao cabo, o que me está a dizer é que o medo tem partes más, mas tem outras partes que podem ser úteis. A Maria ao permitir algum medo na sua vida fá-la estar vigilante, alerta, não descurar a sua segurança, nós não queremos abandonar completamente o medo sobretudo em relação a isto. Mas não podemos permitir que ele continue ainda a ter um efeito totalizador. Percebe o eu quero dizer? Podemos deixar que ele sobreviva nessa dimensão de nos ajudar a controlar o risco e a segurança. O medo associado à segurança é um medo bom. Um medo associado a provações, associado a obrigações, associado à anulação social, o não conseguir fazer as coisas é um medo que não é útil. O que é que lhe vamos fazer?*

INTERVENÇÃO PSICOLÓGICA E SOCIAL COM VÍTIMAS

Maria: Em relação ao medo bom, à faceta do medo útil, que é associado à segurança, nós temos que a acautelar sempre, como no plano de segurança pessoal... houve uma situação em que o medo tentou interferir. Tentou mas não conseguiu porque a minha mãe também me ajudou imenso... na altura eu disse à minha mãe "mas e agora, se a gente o encontrar, já sabes como é, não podemos andar sozinhas" e ela disse "não penses nisso, pensa apenas aquilo que podes e deves fazer, não penses que vais encontrá-lo, pode ser e pode não ser, pensa apenas que vais ao tribunal resolver a tua vida, não ligues!"

Terapeuta: O medo tentou interferir no seu pensamento?

Maria: Sim, e a minha mãe ajudou-me a eu não ligar a isso, ligar a outras coisas, pensar outras coisas,

Terapeuta: A Maria. conseguiu desenvolver contra-argumentos contra esse medo? Para além da sua mãe, autonomamente a Maria conseguiu desenvolver algum pensamento oposto que ajudasse a que o medo não interferisse tanto?

Maria: É assim, eu apenas pensava "eu vou ser capaz e sei o que vou fazer", portanto venha ele como vier, se vier, eu sei que não vou deixar levar--me e que não vou cair.

O questionamento acerca da influência do problema na vida da vítima promove oportunidades para a emergência de resultados únicos. Uma vez elaborado o mapa de influência do problema começam a surgir episódios excecionais, não previstos pela história saturada pelo problema. Deste modo, as histórias começam a ter múltiplos significados, que o problema dominante tem impedido ou ocultado. Na mesma medida, começam a ganhar visibilidade as áreas de vida nas quais a mulher ainda tem influência, nomeadamente as contratécnicas e os truques desenvolvidos que surtiram efeito, diminuindo a influência do problema. Por outro lado, evidenciam-se as qualidades, conhecimentos e competências da vítima que o problema não tem conseguido dominar. Ao mesmo tempo, começam a identificar-se quais as conversas internas da vítima que desafiam o problema, quais os objetivos que guiam a mulher no desafio ao problema, quais os aliados da mulher (familiares, amigos, terapeuta, ...) e o que têm feito para negar os desejos do problema, bem como alternativas de ação que a vítima tem disponíveis para ter vantagem face às vulnerabilidades causadas pelo problema e reclamar a sua identidade.

Terapeuta: Isto é importantíssimo, mostra que a sua relação com o medo já não é assim tão totalitária, mostra que o medo não manda assim tanto em si, porque se mandasse, havia uma série de coisas aqui que não tinham acontecido já.

Maria: Pois, pelo menos eu desta vez tive a coragem de tomar esta decisão e seguir em frente pelo menos para ver julgado aquilo que ele me fez. Porque até hoje nunca tive coragem de o fazer. Desistia sempre, porque dava sempre mais uma oportunidade, mas cheguei a um ponto que não tenho mais oportunidades para lhe dar. Ele não muda e não vai mudar nunca.

Terapeuta: A quem é que foi dada agora uma oportunidade? A quem é que decidiu dar agora uma oportunidade?

O enquadramento discursivo do problema

O contexto sociocultural parece sustentar os discursos que alimentam o problema da violência doméstica, e são muitas vezes internalizados pelas vítimas. Mais especificamente, culturalmente as mulheres e os homens têm tido papéis assimétricos. Os discursos sociais parecem orientar a educação da mulher para os deveres, bem como para a tolerância social dos maus tratos ao feminino.

Deste modo, importa analisar os dispositivos discursivos que alimentam o problema, recorrendo ao seguinte questionamento: *Há algo no meio em que vive que alimente o medo? Quem beneficia com isso? Em que contextos o problema pode ser útil? Existe alguém que é aliado do problema?*

Posteriormente, é importante compreender de que forma a vítima foi recrutado pelo problema: *Como aprendeu a pensar desta forma acerca dos outros? Que modelos foram importantes? Como é que o medo o ensinou a acreditar nele?*

O enquadramento discursivo do problema facilita a promoção da consciência dos fatores sociais e culturais que o reforçam e mantêm ao longo do tempo.

A identificação e ampliação de resultados únicos

Os resultados únicos (RUs) referem-se aos aspetos da experiência da vítima que resistiram à influência do problema. Podem ser comportamentais – proteção pessoal, queixas; reflexivos – gravidade do problema; ponderar alternativas/cursos de ação – sair de casa. Segundo Gonçalves (2011), os RUs podem ser episódios no passado, no presente, aconteceram intencionalmente ou não,

INTERVENÇÃO PSICOLÓGICA E SOCIAL COM VÍTIMAS

imaginados, evidenciados pelos outros, e podem ocorrer em vários contextos, além do problemático (e.g., RUs no âmbito profissional).

Durante a conversação externalizadora, a vítima narra situações em que resistiu ao problema, sob a forma de pensamentos, comportamentos, intenções, constituindo-se momentos excecionais ou "sparkling events" – os resultados únicos (White & Epston,1990). Os RUs são, muitas vezes, ignorados ou desvalorizados pelas mulheres, pois não são previstos pela história saturada pelos problemas. A identificação de RUs abre portas para novas narrativas, pois da sua elaboração emergem narrativas não dominadas pelo problema. Podem emergir espontaneamente na conversação, mas podem também ser resultado do questionamento acerca da influência do problema na vida da mulher: Alguma vez conseguiu fazer frente ao problema? Quando o problema atacou, de que forma o desafiou? Há alguma altura em que se sente liberta da influência do problema?

A promoção da emergência de RUs pode ocorrer através de intervenções do/a terapeuta no sentido de: convidar para a reflexão acerca de situações, pensamentos e sentimentos não congruentes com a narrativa problemática; criação de outras perspetivas do problema, a partir de outros significativos, ou de si próprio noutro tempo ou contexto; antecipação de RU no futuro; análise de RUs imaginados; elaborar sobre momentos passados ou antecipar um futuro onde o problema não tenha influência e promover "experiências" de luta contra o problema ao longo das sessões.

Importa, após identificar o RU, questionar acerca da importância do mesmo: *isto surpreendeu-a? Esse momento foi importante? Como é que o avalia? É algo que gostaria de notar mais na sua vida?*

Os resultados únicos são, então, o ponto de partida para narrar e viver novas histórias, pois trata-se de qualquer acontecimento (plano, ação, sentimento, afirmação, sonho, pensamento, crença) não previsto ou que sai fora do argumento da história saturada pelo problema. São oportunidades de mudança que podem dar origem a novas histórias.

O desenvolvimento de histórias a partir dos RU obedece a uma ampliação dos mesmos para uma narrativa alternativa (eventos organizados por um argumento ao longo do tempo num contexto particular). A história alternativa a desenvolver deve ser rica em detalhes, com envolvimento experiencial para potenciar a significação, nomeadamente pelo questionamento acerca de ações, pensamentos, sentimentos, mas também o que viu, ouviu, entre outros. Pode-se propor a mudança de ponto de vista: ver o episódio excecional pelos olhos de outra pessoa, ver pelo próprio noutra idade, andar para trás e refletir sobre a história, olhar para trás a partir do futuro, olhar para o futuro.

Ao narrar a história a partir de um RU a mulher está a desempenhar o significado, através de uma descrição rica em detalhe e significação, como se pode verificar na seguinte ilustração.

Terapeuta: Pode contar-me como correu?

Maria: Sim, eu fui ao tribunal, passei por ele e pela família... foi muito duro... o irmão dele ainda tentou dissuadir-me, ameaçou-me... mas eu contei tudo como se passou, não omiti nenhum detalhe, disse tudo o que tinha que dizer...

Terapeuta: Como se sentiu quando venceu o medo?

Maria: Quando ultrapassei senti-me mais eu, mais mulher, senti que o medo só nos vence por segundos quando somos apanhados de surpresa e nos domina se nós quisermos...

Terapeuta: Aí está a descrever a ideia de que o medo está a tornar-se progressivamente periférico e a deixar de ser dominante.

Maria: O medo só vai interferir se nós deixarmos e nos domina só se nós quisermos!

Terapeuta: Como é para si esta sensação de controlo sobre o medo?

Maria: Se nós já sabemos lidar com ele, se já sabemos o que ele pretende de nós e nós temos que ponderar sempre a melhor hipótese, dizer "eu não vou fazer isto, não vou agir assim, não vai pensar nisto porque não é justo estar numa situação assim". *O que eu pensei e gostaria de pensar sempre que o medo não é nem pode ser mais forte do que nós*

Terapeuta: Ao fim e ao cabo dar-lhe um papel secundário na nossa vida...

Maria: Acho que há uma coisa que nos pode ajudar e tranquilizar. Se nós conseguimos descrever o medo e saber aquilo que ele pretende de nós, acho que isso é uma arma que nós podemos usar para nos defendermos e nos alertarmos do que pode vir a acontecer e estarmos preparados e não nos afetar...

Terapeuta: O que acha que pode acontecer e fazer numa nova ida a tribulal?

Maria: O que eu posso fazer? Posso não me iludir... não só nesta situação como noutras situações.

Terapeuta: Noutras situações .... O medo é versátil.

Maria: Esta de certeza que não vai ser a única vez que o medo vai aparecer, não é? Infelizmente... Eu posso não me iludir pelo medo negativo pensando que o medo não é mais forte, não deixar que o medo me torne uma pessoa com medo, incapaz e paralisada, etc.

Terapeuta: Nos momentos em que o medo tenta contaminar, o que pode fazer?

Maria: Dar mais valor às coisas que me fazem sentir bem, pensar que o pior já passou, agora tenho que dar atenção e valor ao que de melhor já me aconteceu e está a acontecer... o medo já não me faz pensar no pior e não me deixa ir abaixo e faz com que eu logo de seguida pense "não, não vou ficar assim porque tenho razões para pensar de outra forma". E o medo ou o que quer que esteja a perturbar, que nem sempre é a mesma coisa.

Terapeuta: Que capacidades é que reconhece em si hoje em relação há seis meses atrás que são novas, que são renovadas, ou que já tinha mas que estavam atrofiadas pela conjugalidade violenta?

Maria: O facto de eu poder dizer aquilo que penso, de eu poder agir como eu gosto ou aquilo que eu acho que é certo...

Terapeuta: Ter voz, ter opinião, não é?

Maria: Exato... dizer o que sinto, aquilo que eu acho que está certo dizer, fazer, agir...

Terapeuta: Sentir

Maria: Exato. Fazer tudo isso já me faz ser eu própria e não estar ali sufocada pelo medo.

Terapeuta: Acha que essa transformação que está a acontecer agora e como que recuperar capacidades hipotecadas?

Maria: Penso que nesta fase eu consigo isso porque consigo caracterizar o medo, acho que é isso que me faz valorizar e ponderar as duas coisas e optar pelo melhor. Porque quando se está dominada pelo medo não se está a ponderar, nem se opta.

Terapeuta: Tem feito para além disso, não se limita a observar e a contemplar o medo, a ver como é que ele atua, como é que ele constrange...

Maria: Acho que tem de se dizer ele é assim, mas eu sou assim, sou diferente. Eu sou aquilo que sou, ele é aquilo que é.

Terapeuta: Acha que a sua relação com o medo é hoje diferente?

Maria: É muito diferente, porque antes eu limitava-me a fazer aquilo que o medo queria e hoje limito-me, limito-me não, opto por ser aquilo que eu quero e gosto de ser.

As histórias desenvolvidas a partir dos RUs ocorrem ao nível da paisagem da consciência e da paisagem da ação (Bruner, 1986; Freedman & Combs, 1996). Na paisagem da ação, os episódios são questionados em termos do que aconteceu, em que sequência, com que personagens, onde e quando. O/a terapeuta preocupa-se em organizar as sequências de eventos no tempo (e.g. *Quando decidiu procurar a terapia? O que o fez tomar essa decisão? Houve alguma mudança?*) e construir a forma da história (e.g. *O que aconteceu antes do RU? Como é que os acontecimentos se desenvolveram? O que desencadeou este episódio?*). Ao mesmo tempo, permite detalhar as histórias narradas, favorecendo a construção de um sentido de agência pessoal (e.g. *pode falar-me acerca do modo como desafiou a tristeza?*). A paisagem de ação pontua o ponto de viragem, a partir do qual se pode promover a narração da história alternativa, cuja significação ocorre ao nível da paisagem da consciência. A paisagem da consciência permite refletir acerca das implicações das experiências historiadas na paisagem da ação, desenvolvendo significados, desejos, intenções, valores, ..., no modo como interagem com a experiência. As questões são eminentemente de significado, convidando a vítima a refletir sobre o significado das ações narradas. Permitem também expandir as histórias para o futuro, isto é, criar ligações de significado entre RU em diferentes momentos temporais, construindo um significado consistente acerca das experiencias, mantendo as narrativas de vida no sentido preferência. À medida que a mulher liberta acontecimentos passados da subjugação da história saturada pelo problema, está capaz de antecipar e planear o futuro.

As questões têm, assim, o objetivo de gerar experiências, pois permitem coautoriar novos significados, pela ênfase em determinados aspetos, por exemplo.

A história que começa a ser interligada pelos RUs necessita de "fortalecer" o argumento. Neste sentido, as sessões nesta fase deve, iniciar-se com

INTERVENÇÃO PSICOLÓGICA E SOCIAL COM VÍTIMAS

um sumário da anterior. Progressivamente, ao longo da sessão, deve-se relacionar as conversações terapêuticas com problemas e projetos. Sugere-se que se tomem notas, gravar, escrita de cartas, sumariar sessões, desenvolver ideias que começaram na terapia, incluir pessoas que não estão na terapia, escritos da vítima, documentos.

A validação social

A validação social do processo de mudança pelos outros implica a generalização dos ganhos e a consolidação da nova narrativa. Esta fase da terapia não ocorre necessariamente após a identificação dos RUs, mas sim interconectada com a mesma, à medida que a anterior for ocorrendo (Gonçalves, 2011).

Uma das formas de validar a nova narrativa é contrastá-la com a anterior, detalhando contrastes, semelhanças, desenvolvimentos, bem como as regras. Gonçalves (2011) sugere que uma nova metáfora seja atribuída a esta narrativa.

O/a terapeuta, enquanto audiência, vai validando os sucessos da mulher ao longo do tempo. No entanto, preconiza-se que os outros possam ser chamados a tomar o lugar de espectadores da mudança, que a celebram de modo a torná-la duradoura. A difusão do discurso de competência da vítima pelos outros é essencial para ser validado.

O/a terapeuta pode então apoiar a vítima no processo de recrutamento de audiências. Podem ser convidadas pessoas significativas para as sessões, como um familiar próximo, ou mesmo um filho da vítima. As novas histórias podem ser documentadas e colocadas em circulação, por exemplo, para outras vítimas em psicoterapia. Pode ser também útil recrutar e coordenar uma audiência profissional (e.g., com técnicos das instituições de apoio à vítima). A documentação e circulação das novas histórias é uma estratégia recorrente na terapia de reautoria, por exemplo, através da escrita de cartas durante o processo, onde se reflete acerca dos RU e se fazem questões, de modo a ampliar o que acontece na sessão. Criam-se documentos que listam elementos importantes da nova narrativa, que podem ser partilhados com outras pessoas, como notícias de jornal ou mesmo uma crónica pessoal. Tem também o efeito de consolidação do convite às pessoas da rede de suporte a escrever documentos acerca da mudança da vítima.

Terapeuta: Que tipo de emoções são essas?

Maria: O facto de eu pensar que sou forte e que vou conseguir controlar as más emoções que o medo me tenta incutir, pensar na melhor possibilidade de resolver os problemas. Que não estou só, tenho as pessoas que amo do meu lado e isso é um fator mais do importante, é fundamental para mim. Ninguém, muito menos o medo, me pode manipular, seja de que maneira for, não vou perder o melhor da minha vida por causa do medo que eu posso vencer. Eu acho que não fiz bem, porque só coloquei aquilo que eu acho que posso fazer.

Terapeuta: E para além disso, que emoções substituem o medo, ocupam o espaço que o medo, durante tanto tempo, ocupou?

Maria: Eu acho que estou a conseguir caracterizar o medo e dizer o medo está-me a vencer e a ocupar espaço dele, conseguir avançar porque eu não tenho uma resposta para ele, não tenho razões para dizer não porque tenho razões a meu favor, tenho isto ou aquilo, se calhar vai correr tudo ao contrário daquilo que eu estou à espera e aquilo que eu gostaria que acontecesse, e se calhar o medo vai-me vencer por tudo e mais alguma coisa, e no fundo não aconteceu. Tudo correu bem, se superou e achei que isso foi um contra-ataque para o medo, acho que ele...

Terapeuta: E nesse contra-ataque, em que a Maria é superior ao medo, quais são as emoções mais importantes?

No final da terapia convida-se a vítima a refletir acerca destes momentos futuros e elabora-se um plano para implementar quando este momento surgir.

Combs e Freedman (2004) alertam para um conjunto de práticas narrativas, às quais o/a terapeuta deve estar atento durante o processo:

Qual é a linguagem que eu estou a privilegiar? Estou a trazer as histórias que a vítima quer contar acerca do seu mundo ou as histórias que eu quero ouvir?

Existem histórias dominantes ou que estão a limitar ou a criar problemas na vida do indivíduo?

Estou a convidá-lo a tomar consciência dessas histórias, sem me tornar dominante?

Estou a avaliar a vítima, ou a convidá-la a avaliar situações (como decorre a terapia, efeitos de diferentes práticas, direções de vida preferenciais, etc.)?

Quem é que está a ser o/a perito/a: eu ou a vítima com quem estou a trabalhar?

INTERVENÇÃO PSICOLÓGICA E SOCIAL COM VÍTIMAS

Estou a trabalhar no sentido de que a vítima entre no meu conhecimento de perito ou de que eu entre no seu mundo experiencial?
As minhas questões conservam práticas sociais dominantes ou propõem alternativas?

Conclusão

Com este trabalho pretendeu-se dar a conhecer uma proposta de intervenção com mulheres vítimas de violência doméstica, de acordo com a terapia de reautoria. Esta deve ser aplicada por psicólogos/as, mediante formação prévia nas áreas da Psicologia Clínica e da Justiça. Porém, não se pode esquecer o leque variado de efeitos da violência doméstica na vida da mulher, o que preconiza uma abordagem interventiva em rede e multidisciplinar. O/a psicólogo/a deve, neste sentido, estar em colaboração estreita com os/as técnicos/as envolvidos/as na promoção do bem-estar da vítima.

Ao nível da investigação empírica, têm vindo a ser descritos não apenas os resultados terapêuticos junto das vítimas, mas também os processos terapêuticos de mudança com o modelo terapêutico de reautoria (cf. Matos, Santos, Gonçalves, & Martins, 2009). Assim, a evolução para uma condição de bem--estar psicológico e para a cessação da vitimação parece envolver um movimento, ao longo do processo terapêutico, de reconceptualização da narrativa problemática e narração de novas autonarrativas, preferenciais, flexíveis e orientadas para o futuro.

Referências

Ayter, I. L. (2004). Enfoque narrativo y violencia: intervención com mujeres que sufren maltrato. *Intervención Psicossocial, 13*, 2, 165-175.

Bateson, G. (1999). *Steps to an ecology of mind.* Chicago: The University of Chicago Press.

Bruner, J. (1986). *Atual minds, possible worlds.* Cambridge, MA: Harvard University Press.

Combs, G. & Freedman (2004). *Narrative Therapy.* New York: Norton.

Foa, E. B., Cascardi, M., Zoellner, L. A., & Feeny, N. C. (2000). Psychological and environmental factors associated with partner violence. *Trauma, Violence, & Abuse, 1* (1), 67-91.

Foucault, M. (1986). *Vigiar e Punir.* Petrópolis: Vozes.

TERAPIA NARRATIVA DE REAUTORIA COM VÍTIMAS DE VIOLÊNCIA DOMÉSTICA

Freedman, J. & Combs, G. (1996). *Narrative therapy: The social construction of preferred realities*. New York: Norton.

Gergen, K. J. & Warhuus, L. (2001). Terapia como construção social: características, reflexões, evoluções. In M. M. Gonçalves & O. F. Gonçalves (Orgs.), *Psicoterapia, discurso e narrativa: a construção conversacional da mudança* (pp. 27-64). Coimbra: Quarteto.

Gonçalves, M. M. & Henriques, M. R. (2000). *Terapia narrativa da ansiedade*. Coimbra: Quarteto.

Gonçalves, M. M. & Pinto, H. (2001). Psicoterapia narrativa com adolescentes e jovens adultos: A reautoria de identidades alternativas. In M. M. Gonçalves & O. F. Gonçalves (Coords.), *Psicoterapia, discurso e narrativa: A construção conversacional da mudança*. Coimbra: Quarteto.

Gonçalves, M. M. (2003). Psicoterapia: uma arte retórica: Contributos das terapias narrativas. Coimbra: Quarteto.

Gonçalves, M. M. (2011). *Terapia narrativa de reautoria: O encontro de Bateson, Bruner e Foucault*. Braga: Coleção Cadernos de Psicoterapia, Psiquilíbrios Edições.

Gonçalves, O. F. (2000). *Viver narrativamente: A psicoterapia como adjetivação da experiência*. Coimbra: Quarteto.

Holtzworth-Munroe, A., Smutzler, N., & Sandin, E. (1997). A brief review of the research on husband violence: Part II: The psychological effects of husband violence on battered women and their children. *Aggression and Violent Behavior*, 2(2), 179-213.

Lisboa, M., Barroso, Z., Patrício, J., & Leandro, A. (2009). *Violência e Género - Inquérito Nacional sobre a Violência Contra Mulheres e Homens*. Lisboa: Comissão para a Cidadania e Igualdade de Género.

Machado, C. & Matos, M. (2001). A intervenção narrativa com um grupo de mulheres maltratadas: Da desconstrução da posição de vítima à reconstrução de identidades preferenciais. In M. Gonçalves & O. Gonçalves, *Psicoterapia, discurso e narrativa: A construção conversacional da mudança* (pp. 207-234). Coimbra: Quarteto Editora.

Machado, C. (2004). Intervenção psicológica com vítimas de crimes: Dilemas teóricos, técnicos e emocionais. *International Journal of Clinical and Health Psychology*, 4, 2, 399-411.

Matos, M. & Gonçalves, M. (2002). Espaços identitários na vitimação conjugal: Da narrativa problemática à narrativa preferencial. *Psychologica*, 29, 53-70.

Matos, M. & Gonçalves, M. (2005). Narratives on marital violence: The construction of change through reauthoring. In R. Abrunhosa, R. Roesch, C. Machado, C.

Soeiro & F. Winkel (Eds.), *Assessment, intervention and legal issues with offenders and victims*. Bruxelas: Politea.

Matos, M. (2000). *Violência conjugal: O processo de construção de identidade da mulher*. Dissertação de candidatura ao grau de mestre em Psicologia, na especialidade de Psicologia da Justiça. Braga: Instituto de Educação e Psicologia, Universidade do Minho.

Matos, M. (2006). *Violência nas relações de intimidade. Estudo sobre a mudança psicoterapêutica da mulher*. Universidade do Minho: Tese de Doutoramento não publicada.

Matos, M. (2011). Avaliação psicológica de vítimas de maus tratos conjugais. In M. Matos, R. A. Gonçalves. & C. Machado. *Manual de Psicologia Forense: Contextos, práticas e desafios* Braga: Psiquilíbrios Edições.

Matos, M., Santos, A., Gonçalves, M.M., & Martins, C. (2009). Innovative moments and change in narrative therapy. *Psychotherapy Research*, 19, 68-80.

Polkinghrorne, D. E. (2004). Narrative therapy and postmodernism. In L. E. Angus & J. McLeod (Eds.), *The handbook of narrative and psychotherapy: Practice, theory and research* (pp. 53-68). Thousand Oaks: Sage.

Walker, L.E.A. (1994). *Abused Women and Survivor Therapy: A practical guide for the psychotherapist*. Washington D.C.: American Psychological Association.White, M. & Epston, D. (1990). *Narrative means to therapeutic ends*. New York: Norton.

White, M. (1994). *Guias para una terapia familiar sistémica*. Barcelona: Gedisa.

White, M. (1995). *Reauthoring lives: Interviews & essays*. Adelaide: Dulwich Centre Publications.

White, M. (2004). *Narrative practices and exotic lives: Resurrecting diversity in everyday life*. Adelaide: Dulwich Centre Publications.

Intervenção psicológica em grupo com mulheres vítimas de violência de género na intimidade

Cecília Loureiro*, Fábia Pinheiro* e Sofia Neves**
*P'RA TI – UMAR, Portugal
**Instituto Superior da Maia, Portugal

Resumo:

Este capítulo deriva da experiência profissional das autoras[1] no domínio da intervenção psicológica com mulheres vítimas de violência de género na intimidade no Centro de Atendimento a Mulheres Vítimas de Violência - P'RA TI - da União de Mulheres Alternativa e Resposta (UMAR), no Porto.

Com base nas premissas das Terapias Feministas, do modelo *Mindfulness Based Stress Redution* e do *Coaching,* desenvolveu-se um programa piloto de intervenção psicológica em grupo, cujo objetivo central é a promoção do bem--estar físico, psicológico e social, do *empowerment* e da autonomização das víti-mas. Sublinhando as potencialidades da intervenção psicológica em grupo junto de vítimas de violência de género na intimidade, discutem-se neste texto os pressupostos teóricos que estão na base do desenvolvimento do programa piloto de intervenção psicológica. Apresenta-se igualmente todo o descritivo

---

[1] As primeiras autoras como psicólogas e a terceira como supervisora da equipa técnica.

INTERVENÇÃO PSICOLÓGICA E SOCIAL COM VÍTIMAS

do programa, refletindo-se sobre a eficácia da sua aplicação a um grupo de mulheres utentes do P'RA TI.

> (...) Todas as mágoas são suportáveis quando fazemos delas uma história ou contamos uma história a seu respeito (Hannah Arendt, 2003)

Introdução

A UMAR é, desde a sua constituição (12 de setembro de 1976), uma associação de mulheres que procura estimular o despertar da consciência feminista na sociedade portuguesa, unindo várias gerações. Criando continuamente espaços de intervenção social e cívica, com o decorrer dos anos tem vindo a fomentar a sua atividade a partir de uma agenda feminista de "novas" e "velhas" causas, dentre as quais se destacam o direito à contracepção e ao aborto, a luta contra a violência doméstica, a luta pela paridade nos órgãos de decisão política e o envolvimento em iniciativas internacionais, como a Marcha Mundial de Mulheres (UMAR, 2012).

A UMAR, à semelhança do que tem vindo a ser defendido nacional e internacionalmente, advoga que as desigualdades de género são um problema cultural, social e político. Estando na retaguarda da criação de políticas de género que visam favorecer a plena igualdade de direitos e oportunidades entre os sexos, a organização tem procurado cimentar mecanismos efetivos de apoio às vítimas, respeitando as suas necessidades concretas. Assim, a UMAR dispõe, dentre outras estruturas, de centros de atendimento especializados a vítimas de violência. O P'RA TI - Centro de Atendimento e Acompanhamento a Mulheres Vítimas de Violência – presta apoio social, jurídico e psicológico às vítimas provenientes do distrito do Porto e da Região Norte. Em estreita articulação e parceria com outras entidades, o P'RA TI oferece à comunidade um serviço gratuito em diferentes áreas, através da intervenção de uma equipa multidisciplinar. O seu principal foco de atuação é a violência de género e o seu objetivo cimeiro é o de contribuir para o desenvolvimento de projetos de vida livres de violência.

No âmbito do relatório *Diagnóstico Social do Porto* a violência doméstica é apontada como uma das maiores fragilidades e ameaças dos concelhos do distrito do Porto (Azevedo & Baptista, 2010). As estatísticas são inequívocas a este respeito. A título ilustrativo, no 1.º semestre de 2011, 64 mulheres vítimas de violência e 81 dependentes (sobretudo filhos/as) foram atendidos/as e acompanhados/as no P'RA TI, o que perfaz um total de 145 utentes (UMAR, 2011).

Os dados da Associação Portuguesa de Apoio à Vítima (APAV, 2012) indicam que a maioria das vítimas dos crimes participados é do sexo feminino (83%). No ano de 2011 a APAV registou 15724 casos de violência doméstica, (85% de todas as ocorrências registadas pela instituição). As tipologias de violência mais reportadas são os maus tratos físicos (28,1%), os maus tratos psíquicos (33,3%) e as ameaças/coação (15,3%). No que diz respeito aos agressores, os dados da APAV revelam que cerca de 78% dos indivíduos são do sexo masculino, sendo que 91,4% são de nacionalidade portuguesa. 38% são casados, com idades compreendidas entre os 35 e os 40 anos. Quanto à escolaridade, cerca de 20% apenas sabe ler e/ou escrever.

O Observatório de Mulheres Assassinadas (OMA) da UMAR tem vindo, desde 2004, ano em que foi criado, a analisar os homicídios e tentativas de homicídios de mulheres no nosso país. Desde essa altura, foram sinalizados em Portugal 247 homicídios e 289 tentativas de homicídio, totalizando cerca de 536 homicídios, na forma tentada e consumada (UMAR, 2012). No ano transato a UMAR registou 23 homicídios. Os dados do OMA (2012) revelam, tal como nos anos anteriores, que os agressores são maioritariamente do sexo masculino e as vítimas predominantemente do sexo feminino. 67% das vítimas mantinham com os agressores uma relação de intimidade na altura do homicídio. 18% já estavam separadas ou divorciadas dos agressores.

As consequências da violência na intimidade são altamente nefastas para as vítimas, sobretudo do ponto de vista da saúde (OMS, 2005). O medo do agressor, a dependência económica e emocional, o isolamento social, o silêncio e a permissividade da comunidade e a falta de respostas adequadas e céleres, bem como o desconhecimento dos direitos, são fatores que contribuem para o aumento da vulnerabilidade das mulheres vítimas de violência de género na intimidade.

O IV Plano Nacional Contra a Violência Doméstica (2011-2013) salienta que a violência doméstica é um grave problema de saúde pública, da mesma forma que a Organização Mundial de Saúde (OMS, 2005) refere que as suas consequências são devastadoras para a saúde e para o bem-estar de quem

INTERVENÇÃO PSICOLÓGICA E SOCIAL COM VÍTIMAS

a sofre, comprometendo o desenvolvimento das crianças, das famílias, das comunidades e da sociedade em geral.

As mulheres vítimas de violência na intimidade podem apresentar sintomatologia física e psicológica decorrente da vitimação, sendo comuns os quadros de depressão, ansiedade, disfunção sexual, perturbações do comportamento alimentar, perturbações do sono, doenças sexualmente transmitidas, gravidez indesejada, aborto espontâneo e abuso de drogas/álcool (Herman, 1992; Kamphoff, 2010). Além disso, as experiências abusivas têm sérias implicações ao nível da memória, bem como ao nível da atenção, sendo neste último caso a hipervigilância uma das respostas mais recorrentes associadas ao trauma (Sullivan, 2006). Em muitas situações as queixas das vítimas são inespecíficas, de imprecisa ou múltipla localização no organismo, dificultando a identificação das suas necessidades por parte dos/as profissionais e delas próprias (Schraiber, 2010). Independentemente do modo como se manifestam, os efeitos da violência têm graves repercussões no funcionamento global das vítimas, constrangendo muitas vezes as suas rotinas adaptativas (Dutton & Painter, 1993; Dutton, 1999; Bennice & Resick, 2003). Neste sentido, o sistema de saúde, a par do sistema de justiça e do sistema social, desempenha um papel central na avaliação, intervenção e encaminhamento das vítimas (Naumann, Langford, Torres, Campbell & Glass, 1999, Schornstein, 1997, Thurston, Cory & Scott, 1998 as cited in Barnett, 2001, p. 35).

A intervenção psicológica com vítimas de violência de género demonstra ser igualmente determinante na promoção da saúde das vítimas e na prevenção da revitimação (Matos, 2011). Nas últimas décadas têm vindo a ser desenvolvidos protocolos de avaliação e de intervenção individual e em grupo, com diferentes orientações teóricas e metodológicas. A intervenção psicológica em grupo tem vindo a demonstrar resultados muito positivos, especialmente no que se refere à normalização do trauma. Tutty, Bidgood e Rothery (1993) defendem inclusivamente que a intervenção em grupos é a mais frequente junto de mulheres vítimas de violência, sendo mais eficaz do que a intervenção individual (Holiman & Schilit, 1991; Dimmitt & Davilla, 1995).

De acordo com Matos (2006), este tipo de intervenção permite a validação das experiências de vitimação, numa perspetiva de apoio mútuo. A intervenção em formato grupal reduz substancialmente os problemas de isolamento, de alienação e de evitamento, tão comummente relatados pelas vítimas de violência (Foy et al., 2000), na medida em que as vítimas criam entre si relações de proximidade, baseadas muitas vezes em similitudes e cumplicidades. Sendo o grupo um importante veículo de socialização e de integração social cumpre habitualmente a função de suporte social. É também, por excelência, fonte de *feedback*, um dos fenómenos mais importantes dos grupos (Guerra & Lima, 2005). A confrontação com outras histórias de violência facilita o rompimento da ideia de vulnerabilidade única, determinando a instilação da esperança. O grupo possibilita que as mulheres vítimas de violência aperfeiçoem as suas competências sociais e desenvolvam estratégias de segurança, funcionando o grupo como um espaço de ensaio e treino dessas competências e estratégias.

Partindo das considerações anteriores, o programa piloto de intervenção psicológica em grupo com vítimas de violência de género na intimidade desenvolvido norteia-se pelas seguintes evidências:

1. A violência de género é um fenómeno que resulta de desigualdades sociais, devendo a intervenção com as vítimas incidir sobre a minimização dessas desigualdades e sobre a consciencialização dos direitos;
2. A violência de género tem implicações graves para a saúde física, psicológica e social das vítimas, devendo a intervenção centrar-se na redução da sintomatologia e na promoção do bem estar e
3. A intervenção psicológica em grupo com mulheres vítimas de violência de género na intimidade tem vindo a revelar elevados níveis de eficácia, uma vez que o formato grupal possibilita a desconstrução da ideia de vulnerabilidade única e a promoção do suporte social.

Nesta ótica, o programa baseia-se nos pressupostos teóricos das Terapias Feministas, do modelo do *Mindfulness Based Stress Redution* e do *Coaching*, os quais serão descritos em seguida.

Terapias Feministas
Na base da emergência das terapias feministas está a noção de que as experiências das mulheres têm que ser analisadas e discutidas à luz de uma matriz sócio-estrutural. As condições étnicas, culturais e políticas afetas à pertença de género condicionam as vidas das mulheres de diferentes formas, relegando-

-as muitas vezes para uma situação de opressão, subalternidade e violência (Walker, 2000). Nessa medida, a intervenção psicológica não pode ser indiferente à influência dos sistemas sociais, culturais e políticos nas vivências de desigualdade a que as mulheres estão sujeitas. Daqui decorre a necessidade de se abandonar uma perspetiva essencialista do comportamento humano e do sujeito mulher (enquanto categoria universal), considerando-se a pluralidade e a diversidade das experiências humanas (Enns, 2004).

As terapias feministas, adotando as premissas da teorização feminista, têm-se revelado particularmente eficazes nos casos de violência de género, fortalecendo as competências das vítimas no sentido do desenvolvimento pessoal (Walker, 1985; Neves & Nogueira, 2003, 2004; Neves, 2008). Procurando entrecruzar o pessoal e o político, o privado e público, a intervenção psicológica feminista redefine a noção de poder e enquadra os problemas das mulheres nos contextos sociais onde as mesmas se movimentam (Smith & Siegel, 1985).

As terapias feministas propõem a reinterpretação das experiências de vida das mulheres fomentando, entre outras outros aspetos, a resiliência e a autonomia (Neves & Nogueira, 2003). De acordo com Smith e Siegel (1985) numa primeira fase da terapia procura-se reconhecer a etiologia social da eventual psicopatologia exibida pelas vítimas, para posteriormente se apostar na maximização dos seus recursos e potencialidades. Numa segunda fase do processo terapêutico feminista resgatam-se/consolidam-se as competências, (re)usando-se o poder como motor de mudança. Esta estratégia visa o *empowerment,* um dos objetivos principais das terapias feministas. A terceira e última fase destina-se a apoiar as vítimas na implementação da mudança e na concretização de um projeto de vida sem violência.

No decurso das terapias feministas as vítimas têm a oportunidade de refletir sobre as suas pertenças identitárias, em termos de género, etnia, orientação sexual, entre outras, podendo questionar o impacto dessas pertenças nas suas trajetórias de vida (Worell & Remer, 2003).

Mindfulness Based Stress Redution

O modelo do *Mindfulness Based Stress Redution* é um programa de treino intensivo e fundamentado em práticas antigas, assentes sobretudo na filosofia budista. Associa as técnicas da meditação, yoga e o *mindfulness.* De acordo com

Kabat-Zinn (2003a), o *mindfulness*, traduzido como atenção plena, é um estado de concentração no momento presente, no qual se pode tomar consciência dos pensamentos, das sensações físicas, das emoções ou eventos, sem que se reaja duma forma automática ou habitual, muitas vezes desadaptativa. Esta abordagem é considerada uma prática ideal para o aperfeiçoamento de uma maior consciência da unidade da mente e do corpo, assim como dos pensamentos, sentimentos e comportamentos que podem prejudicar as várias dimensões da vida dos indivíduos. Abrange, por conseguinte, a dimensão emocional, física e espiritual, permitindo escolher como se responde ao que vai acontecendo, mesmo em circunstâncias difíceis (Klatt, Buckworth & Malarke, 2009).

Diversos estudos científicos, com diferentes populações, têm vindo a comprovar a eficácia das técnicas do *mindfulness*, revelando uma multiplicidade de efeitos positivos e significativos, a longo prazo, ao nível da sintomatologia psicológica (Loureiro, 2010). Num estudo conduzido por Bishop, em 2004, comprovou-se que a recaída associada à depressão decresceu, enquanto o autocontrolo aumentou, com a utilização deste modelo. De acordo com a pesquisa de Carlson e Garland (2005), o *mindfulness* contribui para aumentar a autoestima Woods-Giscombé e Black (2010) concluíram que esta técnica melhora consideravelmente a qualidade do sono. Outros autores referem ainda que a meditação associada ao *mindfulness* demonstra melhorar as relações conflituosas e de vitimação entre casais (Carlson & Garland, 2005).

O *mindfulness* tem sido apontado como eficaz no tratamento de situações de trauma, sobretudo aquelas que levam à emergência de quadros de stresse agudo. Estes tendem a dificultar a regulação emocional adequada, assim como a contribuir para o aparecimento ou o reforço de dificuldades no domínio da gestão das relações interpessoais (Roth, Newman, Pelcovitz, ver der Kolk, & Mandel, 1997). As práticas do *mindfulness* podem apoiar as vítimas de violência no reconhecimento de pensamentos e emoções que concorrem para a instalação dessas dificuldades, tornando-as mais conscientes das implicações das experiências de vitimação (Smith, Shelley, Dalen, Wiggins, Tooley & Bernard, 2008).

Estando as aplicações clínicas do *mindfulness* ligadas ao controlo fisiológico-emocional, considera-se que a meditação e o relaxamento desempenham um papel fulcral no tratamento de diversas perturbações psicofisiológicas e de ansiedade, muito frequentes em vítimas de violência (Kabat-Zin, Massion,

INTERVENÇÃO PSICOLÓGICA E SOCIAL COM VÍTIMAS

Kristeller, Peterson, Fletcher & Pbert, 1992). Na realidade, o *mindfulness* pode ajudar as mulheres vítimas de violência em várias dimensões do seu funcionamento, operando sobre a auto observação, o autocontrolo e o autoconhecimento e coadjuvando no desenvolvimento de estratégias e de competências de autorregulação emocional.

Coaching

O *Coaching* é um conjunto de técnicas que visa ajudar as pessoas a tornar-se mais saudáveis mental e emocionalmente, melhorando o seu desempenho e bem-estar. O seu objetivo é apoiar os/as clientes (*coachees*) na maximização do seu potencial, de forma a atingirem as metas que eles/as próprios/as pretendem alcançar (Levenson, 2009; Buchbinder & Eisikovits, 2003). Atualmente, o *Coaching* tem surgido como uma atividade profissional em plena expansão, em Portugal e internacionalmente, caraterizando-se como um processo de orientação para o desenvolvimento do potencial humano e organizacional. A literatura refere que os elementos processuais, técnicos, teóricos e metodológicos do *Coaching* se interligam também com a prática da Psicologia Clínica e da Saúde (Gale & Rebecca, 2007), na medida em que previnem a doença promovem a saúde.

O *Coaching*, quando focado nas pessoas, promove um clima repleto de significado, reforçando as competências individuais. Para desenvolver estas competências, efetuam-se reuniões periódicas (geralmente semanais ou quinzenais) entre *coach* e *o/a coaxe*, recorrendo-se ao uso de competências básicas de observação, escuta e questionamento, orientando o último na tomada de consciência da sua situação, das fontes do seu potencial e do conhecimento das suas motivações. Transversalmente, o *Coaching* apresenta-se como um processo de estruturação e planificação, com o objetivo de mudança e de superação pessoal, sustentado sobretudo na aprendizagem/ação futura. Na sua base figura um acordo que implica uma relação contratual entre *coach/coache*, em que ambos assumem compromissos (Barosa-Pereira, 2007).

A eficácia das práticas de *Coaching* junto de vítimas de violência tem sido amplamente documentada. Em Espanha, por exemplo, o *Coaching* tem vindo a ser usado junto de vítimas de *bullying, mobbing* e assédio sexual, que manifestam sintomatologia clínica (Perez, 2009). A utilização do *Coaching* nestes casos facilita o desenvolvimento de um vastíssimo leque de competências, das quais, em síntese, se destacam a motivação, a atitude mental positiva perante a vida, a flexibilidade, a segurança, a paciência, a coerência, a pró atividade, a comunicação e a autoconfiança (Lawless,2009; Perez, 2009). A violência de género, pela sua complexidade, obriga as vítimas a lidarem com múltiplas exigências que as convidam a redefinir as suas redes de conhecimentos, as suas capacidades e competências (Lawless, 2009). O *Coaching* parece ser particularmente eficaz neste processo de coorientação.

Face ao exposto, e considerando que os pressupostos das Terapias Feministas, do modelo *Mindfulness Based Stress Redution* e do *Coaching* convergem nos objetivos e, mais do que isso, se complementam, delineamos um programa piloto de intervenção psicológica em grupo que assume a violência de género na intimidade como um problema social e que procura potenciar o bem-estar físico, psicológico e social das vítimas, através do *empowerment* e da autonomização.

Programa de intervenção psicológica em grupo com mulheres vítimas de violência de género

Objetivos e estrutura

O programa que em seguida se descreve tem como objetivo geral a promoção do bem-estar físico, psicológico e social, do *empowerment* e da autonomização das vítimas de violência de género na intimidade. A intervenção na violência de género na intimidade é aqui entendida com base numa dupla perspetiva: a de apoiar as mulheres na superação das consequências da violência, prevenindo a revitimação ou a vitimação secundária e a de promover o bem-estar e o *empowerment*. Para além da redução da eventual sintomatologia existente, procura-se otimizar os recursos e as competências das vítimas com vista ao seu desenvolvimento pessoal e social.

Os objetivos específicos são os indicados em seguida:

1. Aumentar o autoconhecimento, a autoconsciencialização e a reflexividade;
2. Robustecer a segurança pessoal;
3. Favorecer a autorregulação emocional e o autocontrolo;
4. Reforçar estratégias de resolução de problemas adaptativas;
5. Promover a autoestima e a autoconfiança;

INTERVENÇÃO PSICOLÓGICA E SOCIAL COM VÍTIMAS

6. Desenvolver competências de comunicação e de relacionamento inter-pessoal;
7. Desmistificar estereótipos de género
8. Orientar no sentido da mudança;
9. Apoiar a tomada de decisão.

Composto por 12 sessões de periodicidade semanal, o programa está organizado em 7 módulos (cf. tabela 1). Cada sessão tem a duração média de 120m e envolve uma planificação prévia das atividades[2]. O programa piloto teve a duração total de 4 meses.

Tabela 1
Estrutura do Programa

MÓDULO	SESSÃO	OBJETIVOS
Apresentação	Sessão 1	Apresentação Avaliação das expetativas Criação da identidade grupal a partir da promoção da coesão do grupo
Competências Pessoais	Sessão 2	Promoção da interação social, reforço da autoestima e valorização pessoal
	Sessão 3	Autoconhecimento e heteroconhecimento
Tomada de Decisão e Resolução de Problemas	Sessão 4	Aumento da consciência sobre os processos decisionais e o seu enquadramento social Estimulação da reflexão sobre o modo como as prescrições sociais condicionam as decisões individuais
	Sessão 5	Apoio das vítimas na reflexão sobre as suas decisões passadas e futuras Aquisição de conhecimentos para a resolução de problemas
Regulação Emocional	Sessão 6	Consciencialização dos sentimentos e emoções; controlo emocional; Elevação do nível de autorreflexão positiva
	Sessão 7	Desenvolvimento do processo de auto conhecimento Treino de competências de focalização da atenção

[2] Ainda que as atividades estivessem previamente delineadas procurou-se, sessão a sessão, ajustar as dinâmicas às expetativas das utentes, respondendo assim às necessidades por elas identificadas no momento.

Relações interpessoais e competências de comunicação	Sessão 8	Promoção do relacionamento interpessoal Potenciação do bem-estar e desenvolvimento de competências de comunicação positiva (assertividade e escuta ativa).
	Sessão 9	
Empowerment	Sessão 10	Estimulação da discussão em torno das questões de género Informação sobre os direitos
	Sessão 11	Apoio na estruturação dos projetos de vida
Finalização	Sessão 12	Realização do balanço Finalização do projeto Avaliação Final

Caraterização das participantes

Participaram deste grupo 9 utentes do P'RA TI, vítimas de violência de género, com idades compreendidas entre os 27 e os 55 anos. 6 eram de nacionalidade portuguesa, 2 eram angolanas e 1 marroquina. 5 coabitavam com os agressores aquando da intervenção. As tipologias de violência mais referenciadas foram a física e psicológica e a duração da violência variava entre os 3 e os 31 anos (cf. tabela 2).

Para a constituição do grupo foram definidos os seguintes critérios de inclusão: a) não possuir psicopatologia grave; b) não se encontrar em situação de crise; c) ter vivenciado ou estar a vivenciar violência entre parceiros; d) não ter comportamentos aditivos.

Das 9 utentes que participaram no processo, uma desistiu do grupo na 5ª sessão, por estar grávida, tendo ido viver novamente com o companheiro, uma decisão respeitada por todas as intervenientes do grupo.

Tabela 2
Dados sociodemográficos das utentes

Utente	Idade	Nacionalidade	Duração da violência (anos)	Tipo(s) de violência	Coabita com o agressor?	Número de filhos /as	Ocupação
1	51	Angolana	31	Física e Psicológica	Não	3	Desempregada
2	50	Portuguesa	27	Física e Psicológica	Não	2	Administrativa
3	41	Portuguesa	20	Física e Psicológica	Não	4	Costureira
4	44	Portuguesa	22	Física e Psicológica	Sim	1	Desempregada
5	55	Portuguesa	"Toda a vida"	Física e Psicológica	Não	1	Reformada
6	26	Marroquina	3	Psicológica	Sim	1	Desempregada
7	30	Angolana	6	Física e Psicológica	Sim	0 (estava grávida)	Desempregada
8	41	Portuguesa	23	Física e Psicológica	Sim	2	Empregada doméstica
9	49	Portuguesa	28	Psicológica	Sim	3	Cuidadora de idosos

Procedimentos

O programa iniciou-se com uma avaliação individual de todas as utentes, depois de clarificados os objetivos e as condições de implementação do programa. Na avaliação, e com recurso a uma entrevista semi-estruturada, foram observados, em particular, os seguintes indicadores: a) risco e b) sintomatologia clínica. Depois de selecionadas as utentes, de acordo com os critérios de inclusão definidos, foram assinados os consentimentos informados. As sessões tiveram lugar no P'RA TI e foram conduzidas por uma psicóloga. Optou-se por utilizar uma rede de comunicação circular, na medida em que esta parece favorecer a troca de informação entre os membros (Guerra & Lima, 2005). Para além das atividades desenvolvidas em cada sessão, às utentes eram solicitadas tarefas inter-sessão. No início de cada sessão era pedido o balanço das anteriores.

Ao longo do programa procedeu-se a avaliações de caráter qualitativo para se determinar se as expetativas e as necessidades das utentes estavam a ser satisfeitas. Usou-se preferencialmente a metodologia da observação e do *feedback* informal para monitorizar a evolução do grupo.

Descrição dos módulos e das sessões

Módulo 1 – Apresentação
O módulo 1 é composto por uma única sessão. Nesta é levada a cabo a apresentação dos membros do grupo, da/o psicóloga/o e do racional do programa. Utiliza-se a dinâmica do "cartão-de-visita" (nome, cor, verbo, acontecimento de vida e metáfora), no âmbito da qual se procura impulsionar o conhecimento mútuo e favorecer a proximidade entre as utentes. Cada utente é chamada a apresentar-se ao grupo com base nos tópicos do "cartão- de-visita". Em seguida pede-se a cada uma que responda ao seguinte repto: "Estou aqui porque...". Discutem-se, posteriormente, as expetativas associadas à participação no grupo.

Na fase final da sessão é pedido ao grupo que, por consenso, escolha um título para se auto designar. O objetivo desta sessão é o de fomentar a criação da identidade grupal a partir da promoção da coesão do grupo.

Módulo 2 - Competências pessoais
O módulo 2 está organizado em 2 sessões (2 e 3). As utentes são convidadas a interagir umas com as outras através de uma dinâmica de *role-playing* no âmbito da qual são exploradas e debatidas, em grupo, as qualidades positivas de cada uma. Isola-se uma cadeira no centro do grupo e solicita-se a cada utente que ocupe, uma de cada vez, o lugar central. Uma vez aí, cada uma atribui qualidades positivas às outras utentes com base nas suas primeiras impressões. Cada utente que está a ser objeto da atribuição das qualidades positivas deve ouvir em silêncio, sem reagir numa primeira fase, sendo chamada posteriormente a refletir sobre e a comentar as sensações

experienciadas. Com esta técnica pretende-se fomentar a interação social, potencializar a autoestima e a valorização pessoal das utentes. Pretende-se igualmente favorecer a tomada de consciência sobre as experiências corporais e as cognições.

Na 3.ª sessão é criado um debate sobre a importância da autoimagem e da autoestima. Utilizam-se as técnicas do questionamento e do diálogo interativo, colocando-se às utentes perguntas como as que se seguem: "O que é que a faz sentir-se bem?", "O que é que a faz gostar de si?", "O que a faz sentir-se mal consigo mesma?", "O que é que os outros valorizam mais em si?", "Que aspetos assinalam como defeitos"? (Alvarez-Ballestero, 1999, p.31). As utentes são convidadas a comentar construtivamente as respostas umas das outras. Promove-se a reflexão sobre as emoções e os pensamentos associados às respostas, assim como as sensações fisiológicas que as acompanham (e.g. "Quando se sente mal consigo mesma, quais são os pensamentos que costuma ter?", "Quando se sente bem consigo mesma que sinais de bem estar lhe dá o seu corpo?").

Nesta sessão é pedido às utentes que reflitam e escrevam, durante a semana, algumas frases positivas acerca de si mesmas, salientando as suas qualidades, as suas competências e as suas metas de vida. Através desta ação pretende-se favorecer a expressão de emoções positivas e fomentar a motivação decorrente das experiências de êxito, potencializando o autoconhecimento.

Módulo 3 – Tomada de decisão e resolução de problemas
O módulo 3 integra a 4.ª e a 5.ª sessões. A 4.ª sessão inicia-se com o feedback da sessão anterior e com a partilha da tarefa proposta, promovendo-se um espaço de debate e autoavaliação. Em seguida, divide-se o grupo em dois subgrupos; cada subgrupo é chamado a tomar uma decisão sobre uma situação vivenciada por mulheres vítimas de violência de género (e.g. agressão física, ameaça). De seguida, os subgrupos são convidados a partilhar a decisão tomada e a refletir sobre o processo de tomada de decisão (e.g. "Quais as razões que as levaram a tomar essa decisão?", "Como é que tomaram a decisão?"). Seguidamente é-lhes solicitado que pensem em alternativas possíveis para a resolução da mesma situação. As respostas são partilhadas em grande grupo, discutindo-se as diferentes formas pelas quais as pessoas (e especialmente as mulheres vítimas de violência de género) tomam decisões. A/O psicóloga/o deverá focar

a existência de diferentes processos de tomada de decisão, alguns deles condicionados por *scripts* culturais: a) por impulso; b) adiando a decisão; c) não decidindo; d) deixando que os outros tomem a decisão; e) avaliando todas as alternativas e escolhendo uma, depois de avaliados os prós e os contras. Pretende-se com esta sessão aumentar a consciência sobre os processos decisionais e o seu enquadramento social, estimulando a reflexão sobre o modo como as prescrições sociais condicionam as decisões individuais.

Na 5.ª sessão procura-se orientar as utentes para uma reflexão mais pessoal em torno das decisões que tiveram ou terão que tomar para concretizar o seu projeto de vida livre de violência. Solicita-se às utentes que respondam a algumas questões, individualmente, tais como "Quais os seus projetos de vida? "Como toma habitualmente as suas decisões?", "Como imagina a sua vida daqui a 10 anos?". Solicita-se igualmente que, numa escala de 0 a 100, as utentes classifiquem a satisfação sentida com as decisões tomadas ao longo da sua vida. As reflexões são partilhadas em grande grupo. O objetivo central desta sessão é apoiar as vítimas na reflexão sobre as suas decisões passadas e futuras.

Módulo 4 - Regulação emocional
O módulo 4 é composto pelas sessões 6 e 7. A sessão 6 é acompanhada por música, de modo a criar-se um clima propício ao relaxamento. Solicita-se às utentes que se deitem em colchões e se concentrem naquilo que estão a sentir presentemente, fechando os olhos durante alguns minutos (*dinâmica do tempo*). Procura-se, através de instruções específicas, que as utentes se focalizem na respiração, nas sensações corporais e nos pensamentos. Findo este processo as utentes são orientadas para a reflexão sobre o tempo pessoal e subjetivo (Kabat-Zin, 2003). Esta técnica de *mindfulness* permite uma centração nas respostas corporais, imprescindível para o aprofundamento do auto-conhecimento e para a auto-regulação emocional.

Na sessão 7 é efetuado o rastreio corporal. Recorrendo mais uma vez à música, solicita-se às utentes que se deitem em colchões, instalando-se confortavelmente. Através da voz da/o psicóloga/o, é induzido o rastreio corporal e sinestésico, com enfoque em emoções positivas. Fundamentalmente pede-se às utentes que canalizem a sua atenção para a respiração e para o batimento cardíaco, concentrando-se em partes específicas do corpo: cabeça, pescoço,

INTERVENÇÃO PSICOLÓGICA E SOCIAL COM VÍTIMAS

braços, mãos e pernas. Repete-se duas vezes o rastreio corporal, intercalando com momentos de silêncio. No final do processo, as utentes são convidadas a "despertar" no " aqui e agora", refletindo sobre e partilhando a experiência vivenciada (Winbush, Gross & Kreitzer, 2007). Nesta sessão procura-se potencializar o autoconhecimento e heteroconhecimento, assim como desenvolver a atenção em relação aos pensamentos e emoções para um maior fluxo de consciencialização das experiências no aqui e agora. Pretende-se igualmente reforçar e maximizar os recursos pessoais das utentes, especificamente na redução do stresse e do controlo das perturbações emocionais.

Módulo 5 - Relações interpessoais e competências de comunicação
O módulo 5 integra as sessões 8 e 9. Na sessão 8 é proposto às utentes que reflitam sobre as suas relações interpessoais e as suas competências comunicacionais. É-lhes pedido que avaliem, numa escala de 0 a 100, por um lado, a qualidade das suas relações interpessoais e, por outro, os seus recursos pessoais em matéria de comunicação. Procura-se que as utentes identifiquem as suas potencialidades e os seus constrangimentos, pensando sobre estes aspetos com o grupo. De forma a aprofundar a reflexão é solicitado às utentes que respondam a algumas perguntas, tais como: "Como me relaciono com os outros?", "O que é que os outros valorizam em mim?", "O que é que eu valorizo nos outros?", "Tenho facilidade em dizer não?". O objetivo desta sessão é aumentar a consciência das utentes sobre as suas necessidades relacionais e sobre as suas competências de comunicação interpessoal, incidindo sobre os aspetos positivos.

Na sessão 9 procura-se treinar competências de comunicação, através do diálogo e da discussão orientada. Numa primeira fase, cada utente deve escolher aleatoriamente outra e procurar induzir-lhe estados psicológicos e emocionais positivos (e.g. sorrindo, proferindo um elogio). Todas as participantes realizam a dinâmica, debatendo-se no final as reações de todas. As utentes são convidadas a responder individualmente às seguintes questões: "Como me senti quando me fizeram sorrir?", "O que pensei de mim mesma quando fui elogiada?". Seguidamente as respostas devem ser partilhadas em grande grupo.

Finda esta dinâmica as utentes são convidadas a dramatizar, duas a duas, situações de comunicação interpessoal (e.g. entrevista de emprego, diálogo com o/a filho/a sobre a situação escolar, apresentação de denúncia junto das autoridades policiais). Com o apoio da/o psicóloga/o devem criar uma situação em que seja necessário estabelecer uma conversação com alguém sobre um determinado assunto. Depois do *role-playing* devem refletir sobre a eficácia ou ineficácia da comunicação estabelecida, identificando os constrangimentos e/ou as facilidades sentidas. Em grande grupo, e com a orientação da/o psicóloga/o, é pedido às utentes que discutam estratégias promotoras da eficácia da comunicação, apresentando-se e aplicando-se o conceito de assertividade a situações concretas. A/O psicóloga/o seleciona uma das situações dramatizadas anteriormente e solicita às utentes que usem concretamente a assertividade no âmbito de uma nova dramatização da mesma situação.

É solicitado às utentes que durante a semana preencham um diário de bordo que procura consolidar as aprendizagens efetuadas na sessão, nomeadamente em termos da capacidade de identificar um problema e equacionar os métodos mais eficazes de o resolver (com as respetivas vantagens e desvantagens). O objetivo da 9.ª sessão é potenciar o bem-estar e desenvolver competências de comunicação positiva (assertividade e escuta ativa).

Modulo 6 - Empowerment
O módulo 6 é composto pelas sessões 10 e 11. Na sessão 10 pretende-se consciencializar as utentes sobre os seus direitos (enquanto cidadãs e vítimas de violência de género) e sobre a importância de os reivindicar. Promove-se um debate, em grupo, sobre a posição das mulheres nos vários setores da sociedade (e.g., família, trabalho, política), instigando à reflexão em torno das questões: "As mulheres são...", "Os homens são...". De seguida, e após ser explicado o conceito de *empowerment*, cada mulher escolhe um cartão que melhor reflita a sua condição atual: cartão amarelo (desempoderada), azul (em processo de empoderamento) e verde (empoderada). Seguidamente é-lhes pedido que escrevam e apresentem em grupo as razões da condição escolhida. Esta sessão procura estimular a discussão em torno das questões de género, enfatizando a ideia de que as desigualdades de género são construídas socialmente. Procura também informar as utentes dos seus direitos e orientá-las para a ação.

Na sessão 11 promove-se um processo de *brainstorming* em grupo, no seio do qual se procura que as utentes identifiquem os seus objetivos de autonomização. Cada uma é convidada a definir objetivos a médio e a longo prazos e a apresentá-los ao grupo. A penúltima sessão visa apoiar as utentes na estruturação dos seus projetos de vida. Nesta sessão pede-se às utentes que façam um trabalho individual durante a semana, respondendo à seguinte pergunta: "Como é que a sua vida poderá mudar se conseguir, na prática, concretizar o que teoricamente tem aprendido no grupo?"

Módulo 7 - Finalização e Avaliação
Na sessão 12 ocorre a finalização do processo. Cada utente é convidada a partilhar com o grupo a tarefa proposta na sessão anterior, recebendo em consequência *feedback*. Propõe-se a reflexão conjunta sobre os significados do grupo e da intervenção e sobre as mudanças experienciadas. É proposto também um balanço do processo, salientando-se os ganhos adquiridos. Solicita-se às utentes que registem num cartaz frases que espelhem aquilo que o grupo lhes permitiu alcançar, refletindo posteriormente com o grupo o que cada frase pretende transmitir. A terapeuta entrega no fim a cada utente um diploma de participação, fornecendo *feedback* sobre a história do grupo. É pedido às utentes, no fim da sessão, que façam uma avaliação sumativa do processo, com base numa grelha construída para o efeito.

Reflexões finais
Tendo como princípio norteador a promoção do bem-estar físico, psicológico e social, assim como o *empowerment* e a autonomização das vítimas, este programa piloto de intervenção psicológica em grupo procurou apoiar as utentes do P'RA TI na concretização de um projeto de vida livre de violência. Com vista a facilitar o desenvolvimento de estratégias que permitissem lidar mais eficazmente com as consequências da experiência da vitimação, nomeadamente ao nível da auto-regulação emocional, investiu-se num trabalho terapêutico focado simultaneamente nas emoções e nas cognições. Este visou também o autoconhecimento, processo basilar na promoção do autocontrolo e da segurança individual.

Não perdendo de vista os efeitos nefastos da violência de género na intimidade, sobretudo do ponto de vista da saúde, e o seu enquadramento social, cultural e político, procurou-se orientar as utentes para a mudança e para a ação, bem como para a tomada de decisão informada, reforçando-se as competências de comunicação e de relacionamento interpessoal. Propôs-se igualmente

INTERVENÇÃO PSICOLÓGICA EM GRUPO COM MULHERES VÍTIMAS DE VIOLÊNCIA

desafiar e desconstruir estereótipos de género, com o intuito de relocalizar as utentes no cenário social.

No cômputo geral, as utentes avaliaram o processo como altamente positivo e benéfico, enfatizando a oportunidade que tiveram de trocar experiências e conhecer outras histórias de vitimação. Como mudanças mais significativas apontaram o facto de se sentirem mais apoiadas e menos culpadas, tendo aumentado a autoestima e a autoconfiança. Os seus discursos testemunham estas mudanças: "Parece-me que acordei de um pesadelo. Agora já consigo tomar decisões, fazer escolhas que me permitem ultrapassar os medos e aceitar novos desafios. Quero viver!", "Quero ser independente e trabalhar por conta própria", " Hei-de fazer um curso universitário!".

Não será demais acentuar que no espaço do grupo as utentes puderam, num clima de solidariedade e entreajuda, partilhar as suas raivas e os seus medos, bem como ventilar as suas emoções. As comunalidades das experiências de vitimação, mas também as diferenças, permitiram a aproximação entre as utentes, gerando-se um ambiente de cooperação e colaboração, o qual facilitou a coesão do grupo e a construção do sentido de pertença. A retração e a estranheza patentes na primeira sessão foram paulatinamente dando lugar à abertura e à disponibilidade, ingredientes propiciadores do sucesso da intervenção grupal. Os objetivos propostos foram, na generalidade, alcançados na medida em que as utentes consideraram ter adquirido mais conhecimento sobre os seus direitos e sobre si mesmas, o que terá naturalmente implicações do ponto de vista do *empowerment* e, consequentemente, da autonomização.

No decurso da intervenção o módulo da Regulação Emocional revelou-se especialmente profícuo no que respeita à experienciação do bem-estar. As utentes verbalizaram ter aumentado a consciência sobre si mesmas, exibindo uma atitude de progressiva autoaceitação e autolegitimação. Com efeito, algumas referiram sentir-se "mais leves", "com uma grande sensação de bem-estar", repercutindo-se estas respostas na redução do stresse e da ansiedade. De realçar que uma das utentes diminuiu a dosagem da medicação que lhe havia sido prescrita (com supervisão médica), passando a controlar melhor os seus medos ["(...) sou capaz de mandar na minha cabeça, dou-lhe ordens e ela obedece-me, eu agora sou capaz (...) já não tomo tantos remédios")].

INTERVENÇÃO PSICOLÓGICA E SOCIAL COM VÍTIMAS

Apesar deste programa piloto ter tido globalmente resultados muito positivos, algumas dificuldades foram sentidas, sendo a principal a da assiduidade, a qual foi sendo trabalhada e vencida durante o processo. Uma das utentes, como já foi mencionado anteriormente, abandonou o grupo na 5ª sessão por não se sentir preparada para realizar mudanças significativas na sua vida (decidiu voltar a coabitar com o seu companheiro). Foi encaminhada para a intervenção psicológica individual, mantendo-se atualmente em acompanhamento.

No início do processo as utentes evidenciaram uma manifesta dificuldade em pensar sobre si mesmas, sobre as suas escolhas e os seus interesses. Os/as filhos/as eram indubitavelmente o eixo em torno do qual todas as suas decisões eram tomadas. Foi fundamental redirecionar o foco da atenção para elas mesmas, descentrando-as do papel único que defendiam desempenhar: o da maternidade. A redescoberta dos seus *outros* papéis (das suas outras escolhas e interesses) foi essencial na redefinição dos seus projetos de vida. Refira-se, a título ilustrativo, que 5 utentes redescobriram o seu interesse pela dança.

Em jeito de conclusão, sublinhe-se o potencial da articulação entre os pressupostos das Terapias Feministas, do modelo do *Mindfulness Based Stress Redution* e do *Coaching*. Será necessário contudo testar a eficácia deste programa piloto, ajustando-o no sentido do seu aperfeiçoamento futuro.

Referências

Alavarez-Ballestero, M. E. (1999). *Mutatis Mutandis: dinâmicas de grupo para o desenvolvimento humano*. Campinas, SP: Papirus.

APAV (2012). *Súmula. Estatísticas APAV – Relatório 2011*. Retrieved from http://www.apav.pt/portal/pdf/Sumula_Estatisticas_APAV_2011.pdf

Arendt, H. (2003). *A condição humana*. Rio de Janeiro: Forense Universitária.

Azevedo, J. & Baptista, I. (2010). *Porto Solidário – Diagnóstico Social do Porto*. Porto: Universidade Católica Portuguesa. Retrieved from http://www.porto.ucp.pt/Webdrive/Gallery/Porto_Social_diagnostico_4976a43392c2/Porto_Social_diagnostico_final.pdf

Barnett (2001). Why Battered Women Do Not Leave, Part 2. External Inhibiting Factors - Social Support and Internal Inhibiting Factors. *Trauma Violence Abuse, 2,* 3-35. doi: 10.1177/1524838001002001001

INTERVENÇÃO PSICOLÓGICA EM GRUPO COM MULHERES VÍTIMAS DE VIOLÊNCIA

Barosa-Pereira, A. (2007). *Coaching em Portugal: teoria e prática*. Lisboa: Edições Sílabo.

Bennice, J. & Resick, P. (2003). Marital rape. History, Research, and Practice. *Trauma Violence Abuse*, 4(3), 228-246. doi: 10.1177/1524838003004003003

Bishop, S. et al (2004). Mindfulness: a Proposed Operational Definition. *Clinical Psychology: Science and practice, 11*(3), 230-241. doi: 10.1093/clipsy.bph077

Buchbinder, E. & Eisikovits, Z. (2003). Armadilha das mulheres agredidas na vergonha. Um estudo fenomenológico. *American Journal of Orthopsychiatry, 73*, 355-366.

Carlson L. E. & Garland, S. N. (2005). Impact of mindfulness-based stress reduction (MBSR) on sleep, mood, stress and fatigue symptoms in cancer outpatients. *Internation Journal Behaviour Medical, 12*(4), 278-85.

Dimmitt, J. & Davilla, Y. R. (1995). Group psychotherapy for abused women: A survivor-group prototype. *Applied Nursing Research, 8,* 1, 3-7.

Dutton, G. D. & Painter, S. (1993). The battered woman syndrome: Effects of severity and intermittency of abuse. *American Journal of Orthopsychiatry, 63*, 614-622.

Dutton, G. D. (1999). Traumatic origins of intimate rage. *Aggression and Violent Behavior, 4*, 431-447.

Enns, C. (2004). *Feminist theories and feminist psychotherapies. Origins, themes and diversity.* (2.nd Edition). New York: The Haworth Press.

Foy, D.W., Glynn, S.M., Schnurr, P.P., Jankowski, M.K., Wattenberg, M.S., Weiss, D.S., Marmar, C.R., & Gusman, F.D. (2000). Group therapy. In E. Foa, T. Keane & M. Friedman (Eds.) *Effective Treatments for PTSD: Practice Guidelines from the International Society for Traumatic Stress Studies* (pp 155-175; 336-338). New York: Guilford Press.

Gale, J. & Rebecca, M. (2007) *Introduction to Health Coaching For Health Professionals: Workshop Health Coaching*. Australia. Retrieved from www.healthcoachingaustralia.com

Guerra, M. & Lima, L. (2005). A importância do feedback na mudança pessoal e social . In M. Guerra & L. Lima (Coord.) *Intervenção psicológica em grupos em contextos de saúde.* (pp. 35-46). Lisboa: Climpsi.

Guerra, M. & Lima, L. (2005). Os processos de grupo. In M. Guerra & L. Lima (Coord.) *Intervenção psicológica em grupos em contextos de saúde.* (pp. 47-59). Lisboa: Climpsi.

Herman, J. (1992). *Trauma and recovery*. New York: Basic Books.

Holiman, M. & Schilit, R. (1991). Aftercare for battered women: How to encourage the maintenance of change. *Psychotherapy, 29*, 345-353.

INTERVENÇÃO PSICOLÓGICA E SOCIAL COM VÍTIMAS

Kabat-Zinn, J (2003a) Mindfulness-Based Interventions in Context: Past, Present, and Future . *Clinical Psychology: Science and Practice 10 (2)*, 144–156,

Kabat-Zinn J. (2002), Foreword to: Segal Z.V, Williams J.M.G, & Teasdale J.D, Mindfulness-Based Cognitive Therapy: A New Approach to Preventing Relapse, Guilford, New York

Kabat-Zinn, J., Massion, A.O., Kristeller, J., Peterson, L.G., Fletcher, K.E., Pbert, L., Lenderking, W.R., & Santorelli, S.F. (1992). Effectiveness of a meditation-based stress reduction program in the treatment of anxiety disorders. *American Journal of Psychiatry, 149*, 936-943.

Kabat-Zinn, J. (2003) *Wherever You Go, There You Are: Mindfulness Meditation in Everyday Life*. New York: Hyperion.

Kamphoff, S. C. (2010). Bargaining With Patriarchy: Former Female Coaches: Experiences and Their Decision to Leave. *Research Quarterly for Exercise and Sport, 81*(3), 360-372 .

Klatt, D. M., Buckworth, J. & Malarkey, W. (2009). Effects of Low-Dose Mindfulness- -Based Stress Reduction (MBSR) on Working Adults. *Health Education & Behavior, 36*(3), 601-614.

Lawless, M. (2009) *The influence of life coaching on entrepreneurs goal planning and attainment* (Master's thesis). Retrieved from http://repository.wit.ie/1399/1/The_influence_of_ life_coaching_on_entrepreneurs_goal_planning_and_attainment.pdf

Levenson, A. (2009). Measuring and maximizing the business impact of executive coaching. *Consulting Psychology Journal: Practice and Research, 61*(2), 103–121. doi: 10.1037/a0015438

Loureiro, C. (2010). *Percepção da saúde Psicológica Face ao Fluxo /Sobrecarga de Trabalho na Polícia de Segurança Pública: Resultados de uma Intervenção com Base em Modelos da Psicologia da Saúde Ocupacional*. (Dissertação de Mestrado não publicada). ISMAI: Castêlo da Maia

Matos, M. (2006). *Violência nas relações de intimidade. Estudo sobre a mudança terapêutica na mulher* (Tese de doutoramento não publicada). Universidade do Minho: Braga.

Matos, M. (2011). Avaliação psicológica de vítimas de violência doméstica. In M. Matos, R. A. Gonçalves & C. Machado (Coord.) *Manual de Psicologia Forense: Contextos, práticas e desafios* (pp. 175-202). Braga: Psiquilíbrios.

Neves, S. (2008). *Amor, Poder e Violências na Intimidade: os caminhos entrecruzados do pessoal e do político*. Coimbra: Quarteto.

Neves, S. & Nogueira, C. (2003). A Psicologia Feminista e a Violência contra as Mulheres na Intimidade: A (Re)Construção dos Espaços Terapêuticos. *Psicologia e Sociedade, 15*, 43-64.

Neves, S. & Nogueira, C. (2004). Terapias Feministas, Intervenção Psicológica e Violências na Intimidade: Uma leitura feminista crítica. *Psychologica, 36*, 15-32.

OMS (2005). *WHO Multi-country Study on Women's Health and Domestic Violence against Women.* Geneva: OMS.

Perez, J. (2009). *Coaching para Docentes - Motivar para o Sucesso.* Porto: Porto Editora.

Roth, S., Newman, E., Pelcovitz, D., van der Kolk, B., & Mandel, D. (1997). Complex PTSD in victims exposed to physical and sexual abuse: Results from the DSM IV field trial for posttraumatic stress disorder. *Journal of Traumatic Stress, 10*(4), 539–555.

Schraiber, L. (2010). Violência, Género e Saúde. In S. Neves & M. Fávero (Coord.) *Vitimologia: Ciência e Activismo.* (pp. 147-165). Coimbra: Almedina.

Smith, A. & Siegel, R. (1985). Feminist Therapy: Redefining Power to powerless. In L. Rosewater & L. Walker (Eds.). *Handbook of Feminist Therapy. Women's Issues in Psychotherapy* (pp. 13-21). New York: Springer.

Smith, B.W., Shelley, B. M., Dalen, J., Wiggins, K., Tooley, E. & Bernard, J. (2008). A pilot study comparing the effects of mindfulness-based and cognitive-behavioral stress reduction. *Journal of Alternative and Complementary Medicine, 14*(3), 251-8.

Sullivan, C. (2006). *Victim Safety and Well-being: Measures of short-term and long-term change. STOP Projects.* Pennsylvania: Coalition against Domestic Violence. Retrieved from www.cadv.org

UMAR (2011). *Results 2009-2010. P'RA TI - Oporto Women's Centre Monitoring Service and Accompaniment of Women Victims of Violence.* Retrieved from http://www. umarfeminismos.org/images/stories/pdf2/projectos/attach1pratirresults2010.pdf

UMAR (2012). *UMAR – Uma associação com 30 anos de história.* Retrieved from http://www.umarfeminismos.org/~umarfemi/index.php?option=com_content&view=article&id=

Tutty, L. M., Bidgood, B. A. & Rothery, M. A. (1993). Support groups for battered women: Research on their efficacy. *Journal of Family Violence, 8*, 4, 325-343. doi: 10.1007/BF00978097

Walker, L. (1985). Feminist Therapy with Victims/Survivors of Interpersonal Violence. In L. Rosewater & L. Walker (Eds.). *Handbook of Feminist Therapy. Women's Issues in Psychotherapy* (pp. 203-214). New York: Springer.

INTERVENÇÃO PSICOLÓGICA E SOCIAL COM VÍTIMAS

Walker, L. (2000). *Abused women and survivor therapy – A pratical guide for the psychotherapist* (3th edition). Washington, DC: American Psychological Association.

Winbush, N.Y., Gross, C. R. & Kreitzer, M. J. (2007).The effects of mindfulness-based stress reduction on sleep disturbance: a systematic review. *Explore, 3*, 585-591.

Woods-Giscombé, C. L. & Black, A. R. (2010). Mind-Body Interventions to Reduce Risk for Health Disparities Related to Stress and Strength Among African American Women: The Potential of Mindfulness-Based Stress Reduction, Loving-Kindness, and the NTU Therapeutic Framework. *Journal of Evidence-Based Complementary & Alternative Medicine, 15*(3), 115-131 doi: 10.1177/1533210110386776

Worrel, J., & Remer, P. (2003). *Feminist perspectives in Therapy: Empowering diverse women*. New Jersey: John Wiley & Sons.

Nunca é tarde para agir!
Violência contra mulheres idosas no contexto das famílias

Isabel Baptista, Alexandra Silva & Heloísa Perista
CESIS - Centro de Estudos para a Intervenção Social, Portugal

Resumo

A violência contra mulheres idosas no contexto das famílias é uma problemática que conjuga dois fatores determinantes ao nível da discriminação – o género e a idade/ velhice. Sabendo que as nossas sociedades estão a ficar envelhecidas e que uma boa parte da população idosa é feminina, o certo é que pouca atenção pública e política tem sido dada a esta problemática específica, o que se evidencia desde logo na sua relativa invisibilidade e ausência ao nível da investigação e da formação de profissionais que lidam no seu quotidiano com mulheres idosas.

Pretende-se, com este capítulo, dar um contributo positivo para uma melhor compreensão daquele fenómeno, nomeadamente ao nível da desocultação de fatores de natureza sociocultural a ele associados, mas também estabelecendo algumas pontes entre o conhecimento sobre o fenómeno e os desafios que se colocam aos e às profissionais no domínio da intervenção com mulheres idosas vítimas de violência no contexto das famílias.

Introdução

A violência contra mulheres idosas constitui uma problemática relativamente desconhecida e que tem suscitado pouca "curiosidade" científica, interesse político e atenção por parte dos *media* e mesmo das organizações de apoio a vítimas de violência ou de apoio a pessoas idosas.

O tema do presente capítulo, centrado precisamente no fenómeno da violência contra mulheres idosas decorre, desde logo, do trabalho de investigação que, nos últimos anos, tem vindo a ser desenvolvido pelo Centro de Estudos para a Intervenção Social (CESIS). No sentido de contribuir para um conhecimento mais aprofundado desta realidade e para a sua maior visibilidade, quer a nível nacional, quer europeu, o CESIS tem participado em vários projetos de investigação de natureza transnacional que, tendo como denominador comum o enfoque na violência contra mulheres idosas, têm abordado temáticas, objetivos e perspetivas de análise relativamente diversificados.

A violência contra mulheres idosas com necessidades ao nível da prestação de cuidados de saúde ou de apoio social e a violência contra mulheres idosas em relações de intimidade constituem dois dos temas de investigação recentemente abordados no âmbito desses projetos transnacionais[1].

A investigação desenvolvida no âmbito destes projetos tem permitido não apenas aumentar o conhecimento e a visibilidade sobre estas problemáticas, mas também desenvolver e testar ferramentas que contribuem diretamente para promover a sensibilização e/ou a formação de diferentes grupos de profissionais: profissionais que prestam cuidados de saúde a mulheres idosas, agentes de aplicação da lei, profissionais de apoio social, reforçando competências específicas que lhes permitam responder de forma mais adequada às necessidades das mulheres idosas, em diferentes contextos.

O aprofundamento da reflexão sobre as possibilidades de intervenção e de apoio mais eficazes e/ou eficientes junto de mulheres idosas vítimas de violência doméstica por parte destes diferentes atores é uma necessidade premente no contexto de uma sociedade crescentemente envelhecida e feminizada.

---

[1] Nomeadamente os projetos "Breaking the Taboo", "Breaking the Taboo 2 – Desenvolvimento e pilotagem de instrumentos de formação" (cf. http://www.btt-project.eu), "IPVoW – Intimate Partner Violence against Older Women" (cf. http://ipvow.org) e o projeto "Mind the Gap!" (cf. http://www.ipvow.org/pt/new-project-mind-the-gap), todos financiados no âmbito do Programa Europeu DAPHNE.

Em Portugal, como na Europa e no resto do mundo, os estudos realizados têm evidenciado que a violência de género, a violência doméstica e outras formas de violência constituem fenómenos transversais a toda a sociedade. Também a discriminação em função da idade – entendida como qualquer "ação que coloca em desvantagem uma pessoa devido à sua idade ou com base em pressupostos, equívocos e estereótipos acerca da idade e capacidade" [Chartered Institute of Personnel and Development (CIPD) citado em Equality Challenge Unit, 2006, p. 4)] - constitui um fenómeno amplamente presente na nossa sociedade. O género e o envelhecimento são, assim, dimensões chave que interagem como alicerces sociais para a desigualdade e a discriminação.

Pese embora a (ainda) relativa invisibilidade do fenómeno da violência contra mulheres idosas em Portugal, o único estudo de prevalência deste fenómeno no contexto nacional (Ferreira-Alves & Santos, 2011) confirma a extensão do fenómeno no nosso país. Cerca de quatro em cada dez mulheres com 60 ou mais anos que vivem em agregados domésticos privados reportaram ter sido vítimas de violência ou abuso nos doze meses anteriores à inquirição. As mulheres mais idosas (80 anos ou mais) que reportaram ter sido vítimas são aquelas que evidenciaram formas mais graves de vitimação.

A violência emocional ou psicológica constituiu o principal tipo de violência identificada (33%), seguida de abuso ou exploração financeira (17%), violação dos direitos pessoais (13%), negligência (10%), abuso sexual (4%) e violência física (3%). Já no que se refere a agressores/as, o estudo refere a preponderância do marido/companheiro no caso de violência emocional, abuso sexual e violação dos direitos, e de filhos/as e genros e noras nos casos de negligência e de violência física.

A revelação da situação de violência ou o pedido de ajuda apenas foi reportado por 26% das mulheres idosas que referiram ter sido vítimas. Estes resultados a nível nacional vêm confirmar uma perceção relativamente generalizada entre profissionais que prestam apoio a mulheres idosas quanto à maior dificuldade sentida por estas mulheres na denúncia da situação de violência e na procura de apoio (Perista, Silva & Neves, 2010). Sentimentos de culpa e/ou vergonha, mas também de proteção – nomeadamente quando o/a agressor/a é o filho ou a filha – parecem constituir elementos-chave nesta dificuldade em revelar a situação ou em procurar ajuda.

INTERVENÇÃO PSICOLÓGICA E SOCIAL COM VÍTIMAS

A violência contra mulheres idosas no contexto das famílias é, assim, uma realidade complexa, constituindo ainda um tabu porque o seu enfoque reside em domínios socialmente sensíveis, nomeadamente, a violência na velhice, a violência no contexto das famílias, a violência em relações de prestação de cuidados e a violência de género.

Pretende-se, com este capítulo, dar um contributo positivo para uma melhor compreensão daquele fenómeno, nomeadamente ao nível da desocultação de fatores de natureza sociocultural a ele associados, mas também estabelecendo algumas pontes entre o conhecimento sobre o fenómeno e os desafios que se colocam aos e às profissionais no domínio da intervenção com mulheres idosas vítimas de violência no contexto das famílias.

Violência contra mulheres idosas no contexto das famílias: contributos para (um)a compreensão do fenómeno

A abordagem da violência contra mulheres idosas no contexto das famílias apela a um entendimento sobre a interação entre género e envelhecimento.

O envelhecimento é, ainda, um processo; compreende uma série de experiências, expectativas e ansiedades; pode envolver sentimentos de baixa autoestima e, por vezes ou nalgumas situações, pode mesmo acabar numa dependência da prestação de cuidados da mulher idosa ou do seu parceiro, devido a doenças específicas e/ou incapacidades, ou a um estado de saúde fragilizado (Strümpel, Gröschel & Hackl, 2010; Barnes-Holmes et al., 2000).

Na maioria das sociedades ocidentais, homens e mulheres enfrentam, em boa parte dos casos, situações de discriminação devido à velhice; contudo, as circunstâncias em que os homens e as mulheres vivem o envelhecimento são diferentes, principalmente devido à forma como

> as relações de género estruturaram o seu ciclo de vida, do nascimento à velhice, influenciando o respetivo acesso a recursos e oportunidades e moldando as escolhas de vida em cada etapa. Boa saúde, segurança económica e condições adequadas de habitação são requisitos essenciais para um envelhecimento com dignidade, mas as mulheres idosas, tanto nos países desenvolvidos como nos países em desenvolvimento, enfrentam dificuldades no acesso a estes requisitos numa base de igualdade com os homens (Begum, 2010, p. 1. Tradução nossa).

A pertença de género é, neste âmbito, uma determinante particularmente pertinente.

Fruto das relações de género desiguais, vividas ao longo do ciclo de vida, as mulheres que hoje são idosas têm frequentemente menos instrução do que os homens. Em 2011, 45.7% das mulheres face a 22.8% dos homens com 65 ou mais anos não tem um nível de escolaridade completo (INE, 2012); têm percursos profissionais mais curtos ou menos qualificados (Begum, 2010), o que contribui para baixas pensões de reforma e, por vezes, para um bem-estar material mais precário. Em 2008, a taxa de risco de pobreza após transferências relativas a pensões é para as mulheres com 65 ou mais anos de 27% e para os homens de 22% (CIG, 2010).

A presente situação socioeconómica das mulheres idosas está fortemente vincada na divisão sexual do trabalho - elas foram/são as responsáveis pela prestação de cuidados aos seus filhos e filhas e pelo trabalho doméstico e aquelas que integravam o mercado de trabalho tinham frequentemente salários baixos ou empregos a tempo parcial ou precários. As mulheres idosas de hoje viveram, na maior parte dos casos, quase exclusivamente dedicadas a terceiras pessoas e aprenderam a ignorar ou a subjugar as suas próprias necessidades e ansiedades (Winterstein & Eisikovits, 2005).

Essas trajetórias, voltadas para os cuidados a outras pessoas, centradas no espaço *privado* da casa e da família, repercutem-se, de certa maneira, no modo como as mulheres idosas acedem à informação e aos serviços de apoio. E, por outro lado, essas mesmas trajetórias refletem-se, grosso modo, na forma como revelam as suas histórias e experiências de vida. Mais recatadas, habituadas a reservar o que é *privado* e familiar ao espaço íntimo da casa, a silenciar, sujeitas a uma ausência de (reivindicação) de direitos, nomeadamente à autonomia e à sua integridade física e psíquica, as mulheres idosas viveram contextos de socialização particularmente marcados pela pertença de género.

Pesquisas recentes (Perista, Silva & Neves, 2010; Dunlop, Beaulaurier, Seff, Newman, Malik & Fuster, 2005; Scott, 2008) demonstram claramente que, no fenómeno da violência contra mulheres idosas no contexto das famílias e, particularmente, na violência contra mulheres idosas em relações de intimidade, o impacto da idade é, em primeiro lugar, geracional, já que o tempo desempenha um papel importante nas atitudes e comportamentos das mulheres idosas; foram educadas num período cultural e societal em que não era

INTERVENÇÃO PSICOLÓGICA E SOCIAL COM VÍTIMAS

reconhecido às mulheres o mesmo valor que aos homens (por exemplo, nos anos 30 e 40, as mulheres não podiam votar para a eleição do Governo nalguns países europeus como a Bulgária, a Bélgica e Portugal). O secretismo (a frase muitas vezes ouvida de que 'o que se passa na minha casa só a mim diz respeito'), a preocupação com o/a agressor/a (na violência em relações de intimidade, as mulheres pensam frequentemente que é seu dever tomar conta do parceiro idoso) e o desespero (particularmente em relações violentas e abusivas de longa duração) são alguns dos sentimentos que as mulheres idosas partilham nestas situações (Nägele, Böhm, Görgen, & Tóth, 2010; Dunlop, Beaulaurier, Seff, Newman, Malik & Fuster, 2005).

Outros fatores acrescem a vulnerabilidade das mulheres idosas face à violência, nomeadamente quando estão em situações de dependência ao nível da prestação de cuidados; nestes casos, a eventual tensão e sobrecarga sentidas pelas pessoas que prestam esses cuidados podem ter um papel determinante no desencadeamento de comportamentos violentos. Apesar de, nalguns casos, a violência pré-existir à situação de dependência, não devemos esquecer as consequências psicológicas que uma relação familiar pautada pela prestação de cuidados numa fase avançada da vida pode ter, tanto para a pessoa prestadora de cuidados como para a pessoa que os recebe. Em diversas situações, estas relações acarretam uma alteração de poder (de mãe para filho/a ou enteado/a) e/ou uma alteração no papel das próprias mulheres no contexto das famílias – estas eram mulheres que deviam 'procurar satisfazer as necessidades das outras pessoas', e, agora, são elas as 'responsáveis' pela sobrecarga de trabalho. O sentimento de estar numa posição de subordinação e destituída de poder, na perspetiva da pessoa que recebe os cuidados, por um lado, e, por outro, a difícil tarefa de prestar cuidados a outrem, do ponto de vista da pessoa que presta esses cuidados, pode comprometer o bem-estar emocional numa relação.

É, por isso, extremamente importante considerar, designadamente, a pressão e a sobrecarga nas relações de prestação de cuidados como os principais fatores para os chamados tipos de violência não intencionais. Igualmente importante é a consideração de que a pessoa a quem se prestam cuidados pode ser o/a agressor/a e não a vítima.

Alguns autores e autoras abordam especificamente a violência contra pessoas idosas na sua relação com as dinâmicas da prestação de cuidados. Dubin e colaboradores (1998) identificam três tipos de dinâmicas: 1) sobrecarga experienciada por parte da pessoa que presta cuidados; 2) fatores que contribuem para a disfuncionalidade da família (alcoolismo, abuso de drogas, distúrbios psicológicos, violência de longa duração em relações de intimidade); e 3) interesse financeiro por parte da pessoa que presta cuidados (exploração financeira, negligência, entre outros). Particularmente relevante é a consideração de comportamentos violentos em situações de prestação de cuidados de longa duração.

A violência é, portanto, um fenómeno complexo que não permite interpretações lineares e unívocas. As estatísticas revelam que as pessoas idosas – mulheres e homens – são, também, vítimas de violência, em particular na esfera privada. Não obstante, ao observarmos os dados estatísticos sobre a violência em contextos domésticos, é possível identificar, nos números, diferenças de género significativas: em todos os grupos etários, as mulheres têm mais probabilidades de experienciarem violência do que os homens. Assim, as mulheres são mais vulneráveis ao comportamento violento perpetrado pelos membros das suas famílias. Adicionalmente, a violência nas relações de intimidade ocorre com maior frequência em casais idosos do que aparentam as perceções sociais difundidas sobre o fenómeno (Nägele, Böhm, Görgen, & Tóth, 2010; Scott, 2008).

Contudo, persiste uma forte invisibilidade no que diz respeito aos dados e à pesquisa sobre as mulheres idosas vítimas de violência no contexto das famílias. É um facto que a maioria das mulheres que são vítimas de violência perpetrada por membros da família sofrem violência física assim como múltiplas formas de violência não física, que vão desde a privação de bens materiais, controlo financeiro e reclusão até a imposição de regras sobre a forma como devem desempenhar as suas atividades diárias (Strümpel, Gröschel, & Hackl, 2010; Nägele, Böhm, Görgen &Tóth, 2010; Perista, Silva & Neves, 2010; Scott, 2008; Dunlop, Beaulaurier, Seff, Newman, Malik & Fuster, 2005). São, de facto, regras rígidas, impostas por parceiros abusivos, de controlo das saídas de casa, das companhias e amizades, dos locais de visita, entre outras, que moldam, muito particularmente, o contexto de vitimação vivida nos dias de hoje pelas mulheres idosas vítimas de violência doméstica.

Não obstante, importa ressalvar que a maioria das mulheres idosas, apesar de não aceitar a violência familiar, acaba por viver um ambiente violento num

INTERVENÇÃO PSICOLÓGICA E SOCIAL COM VÍTIMAS

'estado de imobilidade', muitas vezes com uma forte adesão às normas sociais e papéis adstritos ao seu género, assim como às normas sociais e papéis relacionados com o outro género (Perista, Silva & Neves, 2010).

Se o agressor é o parceiro, é frequente que as mulheres idosas tenham sido vítimas de violência durante toda a sua vida adulta, desde os primeiros anos de conjugalidade. Em muitos destes casos, as mulheres experienciaram violência física sobretudo na juventude ou idade adulta jovem; porém, o que é normalmente consistente ao longo das suas vidas é a violência verbal e psicológica (Winterstein & Eisikovits, 2009; Nägele, Böhm, Görgen & Tóth, 2010; Perista, Silva & Neves, 2010).

Apesar de existir alguma pesquisa (Machado, 2009) que mostra que os/as profissionais, nomeadamente do setor da prestação de cuidados de saúde, consideram a violência doméstica um problema público sério, estes e estas ainda partilham crenças que legitimam algumas atitudes abusivas e violentas (Nägele, Böhm, Görgen & Tóth, 2010; Perista, Silva & Neves, 2010) sendo que essa legitimação interfere necessariamente com a resposta profissional às situações de violência doméstica. Embora estas situações sejam particularmente referidas quanto às forças policiais, alguns/mas profissionais de outros contextos profissionais não agem de forma correta relativamente ao reconhecimento e à atuação em situações de violência doméstica, sobretudo devido a essas crenças, tanto em relação às vítimas como aos/às agressores/as, dando valor ao contexto privado da família.

Na realidade, numa pesquisa recente em Portugal, realizada por Perista, Silva e Neves (2010) relativamente à violência contra mulheres idosas em relações de intimidade, os/as profissionais expressaram, com alguma frequência, dúvidas quanto à sua atitude relativamente aos agressores idosos do sexo masculino. E, para alguns casos referidos na pesquisa, as respostas adequadas às vítimas idosas do sexo feminino podem ser questionadas. Um exemplo paradigmático desta situação pode ser encontrado nas palavras de uma profissional de serviço social, quando diz:

> Acima de tudo, são meros casos sociais. Eu excluo muitas vezes a parte legal porque faz algum sentido mandar um indivíduo de 76 anos para a prisão ou aplicar medidas de coação a este homem? Um indivíduo que já não consegue andar sem ajuda ou tomar banho sozinho, faz algum

sentido castigá-lo agora ou mandá-lo para a rua? Quem tomaria conta dele? Encaro muito melhor uma atitude de serviços comunitários, em termos sociais, ou serviços médicos, para apoio e proteção a este casal, para que possam continuar a viver juntos, com todo o acompanhamento e proteção necessários para eliminar gradualmente o comportamento violento, do que colocar este homem na prisão (Perista, Silva & Neves, 2010, p. 160-161).

As diferentes perspetivas pessoais dos/as profissionais, que trabalham em serviços que vão desde centros de atendimento e apoio na área da violência doméstica a serviços sociais públicos e a serviços de apoio a pessoas idosas, acerca das causas e motivos mais comuns subjacentes à violência e abuso podem moldar, e muitas vezes moldam de facto, as diferentes abordagens profissionais ao problema (Machado, 2009; Nägele, Böhm, Görgen & Tóth, 2010; Perista, Silva & Neves, 2010). É relativamente comum encontrar mulheres idosas (e profissionais) que pensam que o consumo de álcool ou a toma de medicamentos por parte do parceiro é a principal razão para a violência a que estão sujeitas, o que conduz frequentemente a uma desresponsabilização dos agressores e à crença de que se os agressores forem tratados relativamente àquelas dependências, a violência acaba.

Outra perspetiva diz respeito aos sistemas familiares e sociais: a pobreza, o baixo nível de instrução e uma integração profissional fraca/precária podem conduzir a carências sociais bem como a uma transmissão intergeracional do comportamento violento. Esta perspetiva tende a enfatizar a esfera *privada* da família, negligenciando as influências sociais, culturais e, particularmente, as de género.

Já a perspetiva de género considera a violência contra mulheres idosas como um produto sociocultural, chamando a atenção para a acumulação de desvantagens ao longo da vida pelo facto de se ser mulher. E, por último, a perspetiva multidimensional tem em consideração a trajetória pessoal (por exemplo, experiências anteriores de contextos familiares marcados pela violência), a inexistência de soluções adequadas para mulheres idosas vítimas de violência (no presente, mas sobretudo no passado, a inexistência de serviços de apoio que pudessem fornecer caminhos de vida alternativos), a construção de identidades de género e as relações de poder.

INTERVENÇÃO PSICOLÓGICA E SOCIAL COM VÍTIMAS

Não deve ser esquecido que as mulheres idosas vítimas de violência são, acima de tudo, 'mulheres'. A sua idade pode não ser a razão principal para a violência de que são vítimas. Muitas vezes, o/a agressor/a é a pessoa que lhe está mais próxima (o companheiro, o filho, a filha, entre outros) e, por vezes, a pessoa que lhe presta cuidados. A violência contra mulheres idosas no contexto das famílias é, assim, uma realidade complexa onde o género e a idade estão interligados.

Por outro lado, a violência contra mulheres idosas no contexto das famílias é, ainda, um assunto tabu. Centra-se na discriminação em função da idade e do género nas sociedades europeias modernas. Em tal contexto, reagir contra a violência de forma a quebrar o ciclo exige uma força que não se encontra facilmente na maioria das mulheres idosas; serem capazes de reconhecer o seu direito à dignidade e de fazerem algo por si próprias é um processo que luta contra diversos constrangimentos, sobretudo para mulheres que muitas vezes não estão totalmente conscientes dos seus direitos humanos. Quebrar o tabu da violência contra mulheres idosas no contexto das famílias trará, pois, para a luz uma realidade ainda muito desconhecida e raramente tratada.

Violência contra mulheres idosas: da compreensão do fenómeno a um roteiro para a intervenção

Podem ser vários, e a diferentes níveis, os contributos que podem ser prestados por profissionais dos mais diversos setores profissionais no sentido de ajudar a quebrar o ciclo da violência a que muitas mulheres idosas estão sujeitas no contexto das suas famílias. A intervenção deve, desde logo, estar assente em princípios vários. O roteiro de intervenção que ora apresentamos resulta do Projeto europeu anteriormente referido *Breaking the taboo 2*.

Uma questão de princípios

A violência contra mulheres idosas constitui um crime público, enquadrando--se, do ponto de vista legal, na definição prevista no artigo 152º do Código Penal. Importa, pois, que do ponto de vista dos princípios que devem nortear qualquer intervenção junto de mulheres idosas vítimas de violência no contexto das famílias, esse enquadramento legal esteja presente. Os/as profissionais que prestam cuidados de saúde e apoio social a mulheres idosas vítimas de violência deverão estar sensibilizados/as para enquadrar as diferentes formas de violência que podem caraterizar uma determinada situação concreta, nos atos identificados na lei como crimes.

Transmitir a convicção de que não há "motivos" para a violência doméstica e de que a vítima nunca é responsável pelo comportamento do/a agressor/a é outro dos princípios-chave que deverá estar subjacente à atuação de profissionais que prestam apoio a mulheres idosas vítimas de violência doméstica. Esta é uma responsabilidade que deverá estar presente ao longo das diferentes etapas da cadeia de intervenção, tanto mais que a culpabilização é uma das estratégias utilizadas pelos/as agressores/as para se desresponsabilizarem pelos seus atos violentos.

Finalmente, importa salientar que um processo de intervenção com mulheres vítimas de violência é um processo dinâmico, constituído por etapas que não são necessariamente sequenciais, e cujo ritmo deverá respeitar e acompanhar a própria dinâmica do percurso da vítima. Neste contexto, os/as profissionais deverão aceitar como "naturais" e previsíveis as possíveis hesitações e retrocessos que se registem ao longo nos percursos das vítimas (como, por exemplo, o retorno para o/a agressor/a), transmitindo à mulher idosa que a "porta se manterá aberta" para um novo pedido de ajuda. A importância desta disponibilidade por parte dos/as profissionais é tanto maior, quanto alguns estudos (Perista, Silva & Neves, 2010) demonstraram que existe uma perceção generalizada por parte de profissionais que apoiam mulheres idosas vítimas de violência de que

> é difícil motivar as mulheres idosas a procurar ajuda (afirmação que recolhe 86% de respostas nas três opções possíveis de verdadeiro), bem como a de que essas mulheres necessitam de formas de ajuda mais pró--ativas (77% nas três opções possíveis de verdadeiro) (Perista, Silva & Neves, 2010, p. 75).

Concomitantemente, importa reforçar que outro dos princípios-chave que deve nortear a atuação dos/as profissionais neste domínio concreto é o respeito pela decisão e pelas escolhas da vítima. Neste contexto, cabe aos/às profissionais informar a vítima sobre as opções que tem ao seu dispor assegurando que, qualquer que seja a sua decisão, esta seja uma decisão devidamente informada.

Reconhecer a violência, identificar os sinais

Os/as profissionais de saúde, de serviço social e de prestação de cuidados estão numa posição única para identificar a violência contra mulheres idosas no contexto das famílias. A primeira etapa na "cadeia de intervenção" é o reconhecimento de situações de violência doméstica contra mulheres idosas. Todos/as os/as profissionais das instituições que acompanham famílias podem deparar-se com situações de violência.

A identificação de uma situação pode resultar de uma revelação feita pela própria vítima, ou de uma suspeita de que 'algo de errado se está a passar'. No primeiro caso, importa saber como reagir a essa revelação. No segundo, os/as profissionais deverão estar também habilitados/as para reconhecer os sinais e sintomas que as vítimas poderão manifestar, com vista a uma abordagem das mesmas sobre a situação. Nos parágrafos seguintes debruçar-nos-emos sobre esta última situação.

As/os profissionais necessitam de adquirir conhecimentos acerca de possíveis sinais, para serem capazes de os detetar. Estes sinais podem ser um aviso, mas não provam necessariamente a existência de violência. Assim, é importante que os sinais sejam devidamente clarificados e que as/os profissionais conheçam as diferenças entre sinais indicadores de violência e sintomas de um processo normal de envelhecimento e de possíveis doenças a ele associadas.

Quando um/a profissional se confronta com possíveis sinais de violência, tem muitas vezes dúvidas sobre se deve expressar a sua suspeita e junto de quem o deve fazer. A hesitação sentida pode advir de alguma incerteza sobre uma eventual sobrevalorização da situação por parte da mulher idosa ou sobre se o que a/o profissional viu prefigura efetivamente uma situação de violência.

Se é verdade que a dúvida faz parte de um processo normativo de intervenção em casos de vitimação, assegurando intervenções cautelosas, em contrapartida, ela pode, também, levar a que as/os profissionais não tomem qualquer medida, ou seja, a que se perca a oportunidade de apoiar uma mulher idosa vítima de violência.

Para que, no contexto da intervenção, se possa assegurar que não seja tomada qualquer atitude irrefletida, garantindo, não obstante, uma deteção eficaz de situações de violência, importa ter em conta os seguintes princípios orientadores:

- confiar na sua intuição, não ignorando a perceção de que há algo de errado, mas ter consciência de que uma perceção não é um facto. Importa encetar procedimentos adicionais para confirmar (ou não) a suspeita;
- observar e registar de forma sistemática qualquer incidente, tentando clarificar aqueles de que se suspeita antes de se tomarem outras medidas;
- objetivar as suspeitas através da sua discussão com colegas ou outras pessoas, nomeadamente utilizando os registos efectuados como base para discussão das suspeitas com outros colegas ou supervisores/as (salvaguardando a necessária confidencialidade dos casos);
- contextualizar os sinais identificados, analisando com particular atenção a informação subjetiva e objetiva sobre a cliente, bem como a informação sobre as pessoas prestadoras de cuidados e sobre outros membros da família.

Os sinais transmitidos pela vítima podem ser categorizados de acordo com os diferentes tipos de violência, existindo já neste domínio uma vasta literatura (IAFN, 2003; Ferreira-Alves, 2004, 2005, 2006; Ferreira-Alves & Sousa, 2006) que sistematiza tipologias de sinais relevantes. Essas tipologias apontam normalmente para a existência de conjuntos de sinais que permitem o reconhecimento de situações de violência distintas: violência física, violência psicológica ou emocional, violência sexual, exploração financeira e negligência.

Dado o enfoque específico do presente capítulo na violência contra mulheres idosas, optou-se apenas por salientar alguns aspetos relevantes do reconhecimento de sinais que se poderão colocar a profissionais que prestam apoio a mulheres idosas.

No que se refere à violência física, importa estar alerta a sinais que indiciem imobilização (podem ser detetados por inchaços nos braços e pernas), prestação inadequada de cuidados (feridas não tratadas), sinais difíceis de detetar (fraturas nos membros inferiores, em particular se a mulher não tem mobilidade) e sinais que indiciam ações forçadas (como entorses ou luxações que podem surgir se a pessoa idosa tiver sido levantada da cama bruscamente ou se tiver sido forçada a uma ação que já não é capaz de executar).

INTERVENÇÃO PSICOLÓGICA E SOCIAL COM VÍTIMAS

A violência psicológica ou emocional é muito mais difícil de detetar do que a violência física, já que muitas vezes não é diretamente visível ou identificável. Uma das dificuldades é o fato dos sintomas poderem ser idênticos aos de uma depressão clínica, o que pode não estar relacionado com violência. Não sendo a violência psicológica facilmente detetável, os indicadores serão mais facilmente observáveis durante a interação entre a pessoa idosa e a família, parceiro/a ou pessoa prestadora de cuidados.

A violência sexual sobre mulheres idosa constitui, ainda, um tabu. A persistência de estereótipos relacionados com a imagem da mulher idosa como alguém que já não é sexualmente atrativa torna particularmente difícil que a sociedade reconheça que uma mulher idosa possa tornar-se vítima de violência sexual. As vítimas de violência sexual, particularmente em idades mais velhas, têm muitas vezes sentimentos de vergonha e, por vezes, de culpa. Estes sentimentos são ainda mais fortes quando o/a agressor/a é um familiar próximo da mulher idosa. Os sinais de violência sexual tipificados para as vítimas em geral são relevantes também para as mulheres idosas. É importante realçar que comportamentos estranhos por parte da cliente idosa, tais como despir--se sem que isso lhe seja pedido ou roupa interior manchada ou ensanguentada, podem ser indicadores de violência sexual repetida.

Embora difícil de provar, existem sinais que permitem detetar a existência de situações de exploração financeira (IAFN, 2003) que, importa recordar, vão muito para além do furto de dinheiro ou de bens. Geralmente, as pessoas não gostam de falar sobre a sua situação financeira e dificilmente as/os profissionais terão um conhecimento detalhado sobre a situação financeira da mulher idosa. Por outro lado, alguns dos sinais que apontam para situações de exploração financeira podem apenas refletir uma situação de precariedade. Em todo o caso, os/as profissionais em contato estreito com a mulher idosa podem detetar alterações que levantem suspeitas. Tais sinais podem passar pela constatação de que a mulher idosa assina documentos financeiros que ela própria não entende, por alterações súbitas na conta bancária ou nas práticas bancárias, pela inclusão de nomes adicionais na lista de assinaturas da conta bancária e por outras mudanças súbitas num testamento ou noutros documentos financeiros, ou ainda, pelo desaparecimento inexplicado de dinheiro ou bens valiosos.

As situações de negligência de uma mulher idosa podem ser identificadas, nomeadamente através de um conjunto de sinais físicos tais como desnutrição e perda de peso acentuada, higiene pessoal deficitária, modo de vestir inapropriado, problemas de saúde não acompanhados/tratados, falta de comparência a consultas médicas, má administração de medicamentos ou a completa falta de acompanhamento médico. Um outro conjunto de sinais que pode indiciar a existência de uma situação de negligência relaciona-se com as condições em que vive a mulher idosa, nomeadamente no que se refere a condições de vida inseguras ou insalubres.

As/Os profissionais que prestam apoio social ou de saúde a mulheres idosas vítimas de violência podem ser confrontadas/os com pessoas que evidenciam uma grande variedade de sintomas. Muitas vezes deparam-se com a combinação de diferentes sinais. Alguns sinais ocorrem de forma simultânea ou repetida. Neste contexto, as/os profissionais devem ter uma perspetiva abrangente quando lidam com mulheres idosas. Devem procurar enquadrar corretamente os sinais detetados, contextualizando-os devidamente, devem olhar para os sintomas físicos mas, também, considerar a interação entre as pessoas e o meio envolvente e, sempre que necessário, consultar especialistas com conhecimentos dos vários sintomas e doenças.

Por vezes a violência pode ser facilmente reconhecida. Outras vezes precisa de muita atenção por parte da/o profissional. É importante clarificar os sinais e a situação de violência e só depois dar início a qualquer intervenção concreta.

Para uma abordagem consequente
Abordar uma pessoa sobre a situação de violência requer cuidados específicos uma vez que se trata de um tema delicado, que remete para a intimidade da vida familiar, não sendo normalmente um assunto fácil para as vítimas. Neste contexto, a abordagem da violência com uma mulher idosa vítima, sendo um tema crucial, é também uma etapa particularmente sensível.

Abordar a mulher idosa sobre a situação de vitimação tem como primeiro objetivo investigar a suspeita mais aprofundadamente, tentando analisar a dimensão da violência e o risco imediato de segurança. Um segundo objetivo é tentar perceber qual a vontade e necessidades da vítima e explicar-lhe que existe ajuda disponível. Finalmente, um terceiro objetivo é discutir (se possível) com a mulher idosa qual o tipo de intervenção mais útil e que melhor a poderia apoiar.

Do ponto de vista da intervenção, é muito frequente que as/os profissionais entendam a abordagem à vítima como uma tarefa particularmente difícil, levando-as/os a hesitar em tomar a iniciativa. Por um lado, não querem arriscar quaisquer "suspeitas erradas" que possam conduzir a acusações e a calúnias. Por outro lado, têm, também, receio de magoar ainda mais a mulher e de provocar a rejeição ou emoções fortes devido à abordagem de um assunto que está fortemente ligado ao medo, à vergonha e à culpa. Em todo o caso, é essencial que a suspeita não seja ignorada. A importância desta etapa no contexto da cadeia de intervenção é tanto maior quanto a investigação no domínio da violência doméstica tem demonstrado que as mulheres vítimas de violência não tomam frequentemente a iniciativa de falar sobre a situação. Porém, as mulheres sentem-se aliviadas quando o/a profissional que lhe presta cuidados aborda o assunto cuidadosamente e lhes dá a oportunidade de falarem sobre o mesmo. Assim, é fundamental saber como iniciar uma conversa sobre o tema e não esperar até que seja a mulher idosa a falar sobre o assunto.

Contudo, antes de abordar o tema, as/os profissionais deverão ter em consideração alguns aspetos cruciais: em primeiro lugar, é importante assegurar a privacidade da mulher idosa, abordando o assunto quando estão sozinhos/as com a potencial vítima. É, pois, fundamental que se crie uma atmosfera de confiança e confidencialidade com antecedência suficiente para que a mulher idosa se sinta dignificada, confortável e sinta que as suas decisões serão respeitadas.

Alguns estudos (Glasgow & Fanslow, 2006) têm inclusivamente sugerido formas concretas de abordagem à mulher idosa: começar, por exemplo, por fazer perguntas de caráter mais geral sobre a sua saúde e bem-estar, passando depois a perguntas específicas sobre a situação de violência. Outros estudos (IAFN, 2003) chamam a importância para a necessidade de designar de forma clara e direta ações específicas que permitam identificar uma situação de violência até porque, frequentemente, as mulheres idosas não reconhecem a sua experiência como uma situação de violência. Porém, quando interrogadas sobre ações isoladas, reconhecem-nas facilmente.

A escuta ativa, a empatia, a não culpabilização e a validação da sua situação de vitimação, bem como a disponibilidade para prestar informação e apoio são aspetos essenciais nesta fase crítica da abordagem.

Concomitantemente, importa não esquecer que são muito frequentes as situações em que as vítimas negam os maus-tratos e se recusam a falar. A situação torna-se ainda mais difícil para as mulheres idosas que, em muitos casos, dependem do/a seu/sua agressor/a não só financeiramente, mas também ao nível da prestação de cuidados. Nos casos em que os/as agressores/as são os filhos ou as filhas, as mulheres idosas tentam, muitas vezes, esconder a situação. Sentimentos de culpa e/ou vergonha, mas também de proteção face ao/a filho/a estão, com frequência, na base desta "decisão" de ocultar a violência a que são sujeitas.

São as próprias organizações que prestam apoio a mulheres vítimas de violência que reconhecem esta maior dificuldade das mulheres idosas em procurar ajuda ou em apresentar queixa. O estudo desenvolvido por Perista, Silva e Neves (2010) acima referido mostra que, de acordo com as estimativas apresentadas pelas organizações que intervêm diretamente com mulheres vítimas de violência doméstica, as mulheres acima dos 60 anos têm claramente menos probabilidade do que as mulheres mais jovens de apresentar queixa (8% *versus* 32% respetivamente), de procurar ajuda médica (18% *versus* 29%, respetivamente), apoio psicossocial (13% *versus* 31%, respetivamente) ou outro tipo de apoio (23% *versus* 31%, respetivamente).

Os/As profissionais deverão estar atentos/as a este tipo de dificuldades, procurando manifestar à mulher idosa preocupação e interesse pela sua situação, mas devem sempre assegurar-se que não tomam qualquer medida contra sua vontade. Na maioria dos casos, a situação não se alterará de imediato.

> Quando contactam com os serviços, as expectativas iniciais de muitas destas mulheres convergem, de alguma forma, para a resolução da situação dentro do contexto das relações conjugais, mas com o apoio e intervenção técnica de alguém do serviço (Perista, Silva & Neves, 2010, p. 183).

Porém, a abordagem do assunto pela primeira vez pode ser o estímulo fundamental para que uma mulher idosa pense que pode haver alternativa à manutenção da situação de violência. É muito importante que as vítimas sai-

INTERVENÇÃO PSICOLÓGICA E SOCIAL COM VÍTIMAS

bam que existe apoio disponível se, e quando, estiverem prontas para recorrer a essa ajuda.

Garantir a segurança: um eixo estruturante e transversal à intervenção
Garantir a segurança da vítima idosa – e a sua própria segurança enquanto profissional – deverá ser uma componente fundamental e transversal a toda a cadeia de intervenção.

Não obstante todo o desenvolvimento legislativo em matéria de prevenção da violência doméstica e de proteção das vítimas, importa, sempre, salvaguardar a vítima.

O facto da violência doméstica constituir um crime público significa, desde logo, que todas as pessoas devem denunciar, nas entidades competentes, o conhecimento que têm da situação. Contudo, em muitos casos coloca-se um dilema entre a relação de confiança estabelecida entre profissionais e vítimas e a questão ética do sigilo profissional e o dever de denunciar um ato classificado como crime. Cabe a cada profissional, em consciência, avaliar cada situação e atuar de acordo com essa avaliação, nomeadamente no que se refere ao grau de risco da mesma. É importante verificar se existem questões de segurança críticas, fatores que representem um risco imediato de segurança ou um elevado grau de perigo ou se as preocupações relacionadas com a segurança são contínuas.

Dar conhecimento à vítima das intenções e ações empreendidas pelos/as profissionais pode contribuir para a segurança da mesma. Os/As profissionais devem ter em mente que momentos de denúncia e de investigação criminal constituem, em muitos dos casos, um risco acrescido, devendo, por isso, assegurar todo o apoio necessário à vítima. Esse apoio pode consubstanciar-se num contato mais frequente, no acionamento de medidas que permitam alguma proteção (por exemplo, solicitar a pessoas vizinhas para estarem particularmente atentas em determinados períodos, solicitar à polícia de proximidade que 'visite' aquela casa/área com maior regularidade), na disponibilização de apoio psicológico e emocional por parte de serviços especializados de apoio às vítimas de violência doméstica, na disponibilização de um espaço temporário de acolhimento (seja em lar ou casa-abrigo).

O planeamento da segurança consiste num processo em que o/a profissional e a pessoa idosa vítima de violência definem um plano conjunto para garantir e reforçar a segurança, devendo o mesmo estar centrado na mulher idosa e orientado para ela. O planeamento e a intervenção subsequente deverão ser devidamente enquadrados pelo contexto e antecedentes da situação de violência. Existem situações de violência fortemente condicionadas pelo contexto de prestação de cuidados e outras, pelo contrário, onde a situação de violência contra a mulher idosa vem na continuidade de um longo processo de vitimação, muito anterior a uma eventual (nova) situação de prestação de cuidados e aos desafios daí decorrentes. Também é relevante saber se a situação de violência é contínua, periódica ou circunstancial.

Importa salientar que os/as profissionais de serviço social e de saúde devem estar conscientes de que não têm de assumir sozinhos/as a responsabilidade pela situação. O seu papel visa, sobretudo, reconhecer a violência e intervir como intermediários/as.

Dada a complexidade da intervenção neste tipo de situações, é fundamental que as organizações que trabalham no campo da prestação de cuidados de saúde e de apoio social a pessoas idosas definam procedimentos de atuação para o reconhecimento e abordagem de situações de violência, contemplando estratégias a implementar internamente, mas também estratégias de envolvimento de outros parceiros e de recursos exteriores à organização.

A importância do trabalho em rede e da cooperação

Os casos de violência doméstica apresentam normalmente necessidades de intervenção por parte de diferentes áreas (psicologia, infância, habitação, emprego, saúde, segurança, justiça) e de diversas organizações. Todas as entidades envolvidas deverão assim proceder de forma articulada, centrando a sua intervenção na vítima idosa e na sua segurança e bem-estar. Trabalhar em rede, de forma integrada, permite otimizar recursos, evitar a sobreposição de atuações, agilizar os circuitos e tornar as respostas mais céleres.

A cooperação intersectorial/multiprofissional pode ser uma forma eficaz de dar resposta a situações de violência contra mulheres idosas. Existem diferentes níveis de cooperação multiprofissional e multiorganizacional no campo da violência doméstica em geral, e no campo da violência contra mulheres idosas em particular.

A um determinado nível, existe a cooperação no que diz respeito a um caso isolado, em que as organizações e profissionais envolvidos podem ajudar numa situação específica. A outro nível, existe a cooperação local, regional ou nacional, que tem em vista a melhoria dos serviços de apoio às mulheres idosas vítimas de violência em geral e a garantia de uma cooperação bem-sucedida no que diz respeito a casos individuais no futuro e/ou a sensibilização da comunidade para o assunto (Perista, Baptista & Silva, 2011). A coexistência (ou não) destes diferentes níveis de mecanismos e redes de cooperação depende dos contextos territoriais em causa e configura formas de cooperação multiprofissional e/ou multiorganizacional distintas.

Do ponto de vista das/os profissionais que trabalham diretamente com mulheres idosas vítimas de violência, importa conhecer estes diferentes "recursos cooperativos", acionando-os ou integrando-os, tendo em vista os objetivos da intervenção que desenvolvem. A existência de serviços mais centrados em estratégias de prevenção ou proteção, de serviços mais vocacionados para prestar apoio ou empoderamento emocional ou de serviços especializados no acolhimento de mulheres vítimas de violência ilustra a importância de uma cooperação informada, direcionada e "calendarizada", tendo em atenção as necessidades da vítima idosa e do seu percurso.

O recurso a redes ou a mecanismos de cooperação profissional e institucional pode, por outro lado, constituir uma estratégia importante ao nível da prevenção de situações de stresse e exaustão profissional decorrentes, em grande medida, da complexidade dos desafios que se colocam à intervenção com vítimas de violência.

Do trabalho em rede à prevenção do burnout

Gerir o tema da violência pode ser muito difícil para as e os profissionais que prestam cuidados de saúde e de apoio social a mulheres idosas. As tensões, o stresse e uma certa fadiga mental são muitas vezes inevitáveis. Se os/as profissionais não conseguem lidar com estes desafios adequadamente, podem mesmo entrar em situações de *burnout*. Por isso, é muito importante ter-se consciência das situações difíceis e aprender a lidar com elas. É também fundamental que os/as profissionais saibam que têm de pensar, não só no bem-estar das outras pessoas, mas também no seu próprio bem-estar.

As exigências do trabalho, tais como o esforço físico, a pressão do tempo, juntamente com a exposição a experiências extremas decorrentes do contacto direto com mulheres idosas vítimas de violência, têm de ser suportadas nos recursos que o/a profissional tem ao seu alcance, como a segurança no trabalho, a supervisão e o apoio.

Cabe às organizações apoiar os/as seus/suas coordenadores/as e elementos das equipas para lidarem com as dinâmicas complexas do comportamento violento no contexto das famílias de um modo construtivo e para os/as capacitar de que devem manter a distância necessária e não se envolverem demasiado. É importante que os/as profissionais saibam encontrar um equilíbrio entre o envolvimento e a distância neste tipo de situações para o que é importante que disponham de informação adequada, apoio, estímulo positivo e oportunidades para se distanciarem temporária e/ou permanentemente.

Apesar de existirem vários métodos e estratégias possíveis para lidar com situações difíceis, é possível identificar dois princípios fundamentais: o enfoque no problema e o enfoque na emoção (Folkman & Moskowitz, 2004; Schaufeli, 2001).

O método do enfoque no problema centra-se na procura de soluções práticas para determinados problemas (e.g. na impossibilidade de aconselhamento junto do/a respetivo/a coordenador/a sobre uma situação ligada à violência contra uma mulher idosa, por motivos interpessoais, o/a profissional decide aconselhar-se com outra pessoa ou organização). O método do enfoque na emoção centra-se na gestão da situação difícil, como por exemplo um caso de violência não resolvido, através da mitigação das emoções causadas por esse caso. Na maioria dos casos, uma combinação destes dois métodos será a estratégia mais adequada.

A concluir

A violência contra mulheres idosas no contexto das famílias é uma problemática que conjuga dois fatores determinantes ao nível da discriminação – o género e a idade/ velhice. Sabendo que as nossas sociedades estão a ficar envelhecidas e que uma boa parte da população idosa é feminina, o certo é que pouca atenção pública e política tem sido dada a esta problemática específica, o que se evidencia desde logo na sua relativa invisibilidade e ausência ao nível da investigação e da formação de profissionais que lidam no seu quotidiano com mulheres idosas.

A violência contra mulheres idosas no contexto das famílias não é um assunto de menor importância ou do foro *privado* ou individual. É matéria séria e urgente, que impõe uma intervenção diversa, multisetorial e, até certo ponto, distinta da intervenção dirigida a vítimas de violência doméstica mais novas. Requer, por vezes, uma reestruturação dos modelos de conjugalidade e das relações de intimidade, vividas por estas mulheres de uma forma algo diferente dos padrões dominantes na atualidade. Estas foram, na generalidade, mulheres que casaram 'até que a morte nos separe', educadas num contexto político e cultural que as subjugava ao poder masculino. As mulheres estavam, em grande parte, confinadas à esfera *privada* das suas casas e aos homens cabia o papel de ganha-pão. Tal contexto foi determinante para a atual situação económica das mulheres idosas – mulheres vulneráveis a situações de pobreza, vivendo, nalgumas situações, em habitações com condições precárias e dispondo de recursos económicos próprios muito baixos.

Face a esta precaridade económica e habitacional, conjugada com uma perspetiva de eternalização e inevitabilidade das relações conjugais, as mulheres idosas vítimas de violência no contexto das famílias, inibidas, de certo modo, de reagir no passado, estão, no presente, muitas vezes desesperançadas. É neste contexto específico, aliado a alguma falta de conhecimento e de informação, que a intervenção por parte de profissionais, de vários setores profissionais que prestam cuidados, ganha particular relevância. A intervenção de profissionais é, assim, determinante da qualidade de vida que estas mulheres podem aspirar a ter.

Não obstante, há necessariamente que considerar um conjunto de princípios norteadores de qualquer intervenção. Desde logo os princípios relativos ao enquadramento legal da matéria, considerando, para esse efeito, todo o tipo de violência. Há, também, que ter em mente que na larga maioria das situações, a mulher idosa não pode ser responsabilizada por provocar noutras pessoas comportamentos agressivos que contra si sejam empreendidos. Ainda, há que compreender que qualquer intervenção pode sofrer oscilações (avanços e retrocessos) de acordo com o estado psicológico das mulheres idosas vítimas de violência no contexto das famílias e a vontade destas em agir ou fazer agir em determinados momentos; é particularmente pertinente transmitir às mulheres o 'conforto' do acompanhamento, mesmo que esse seja interrompido. Qualquer intervenção deve basear-se no respeito pela tomada de decisões e pelas escolhas das mulheres idosas.

A 'cadeia de intervenção' abordada neste artigo apoia-se em diversas etapas que não ocorrem de forma sequencial. A primeira etapa corresponde necessariamente à identificação e reconhecimento da violência; a este respeito importará que os e as profissionais adquiram conhecimentos suficientes acerca de eventuais sinais por forma a reconhecer casos de violência.

A segunda etapa reporta-se à abordagem da situação por parte do/a profissional com as mulheres idosas vítimas de violência no contexto das famílias. Essa abordagem pode compreender três momentos: o da confirmação da situação e necessária avaliação do risco; o da perceção das necessidades e das vontades da vítima; e o da discussão com a mulher idosa sobre a adequação do tipo de intervenção. Importa ressalvar que abordar uma mulher idosa vítima de violência no contexto das famílias pressupõe alguns requisitos prévios, nomeadamente a privacidade e confidencialidade, o respeito pelas decisões das mulheres, a não culpabilização, a validação das experiências e a disponibilidade para prestar informação e apoio.

A terceira etapa corresponde à garantia da segurança, quer da mulher idosa quer do/a próprio/a profissional. É sempre aconselhável planear a segurança em conjunto com a vítima, tendo particularmente em atenção os contextos e os antecedentes.

A quarta etapa salienta a importância do trabalho em rede e a cooperação. Intervir junto de mulheres idosas vítimas de violência no contexto das famílias impõe a conjugação de saberes e domínios de intervenção, sendo que, muitas vezes, a melhor forma de o fazer é trabalhando em rede, numa lógica de cooperação intersectorial e/ou multiprofissional.

Por último, importa prevenir o *burnout* por parte dos e das profissionais que prestam cuidados e acompanham as mulheres idosas vítimas de violência, socorrendo-se, nomeadamente, de dois princípios – o enfoque no problema e o enfoque na emoção.

As mulheres idosas vítimas de violência no contexto das famílias são mulheres a quem é particularmente difícil, por diversos motivos, procurar ajuda. Muitas têm sido verdadeiras sobreviventes ao longo de toda a sua vida, almejando o bem-estar da família e, muito particularmente, de filhos e filhas, mas descurando o seu próprio bem-estar. Importa, enquanto profissionais que lhes prestam cuidados, assegurar a estas mulheres que é possível viver livre de violência. Afinal, nunca é tarde para agir!

INTERVENÇÃO PSICOLÓGICA E SOCIAL COM VÍTIMAS

Referências

Barnes-Holmes Y., Barnes-Holmes D., Morichelli R., Scocchera F., Sdogati C., Ockleford E., Morjaria, A., & Furniss, F. (2000). *Mistreatment and abuse of older women in the European Community: estimated prevalence, legal and service responses. A review of the situation in three member states. Research Report, Daphne project "Recognition, Prevention and Treatment of Abuse of Older Women".* Brussels: European Comission.

Barnett, O. (2001). Why battered women do not leave, Part 2. *Trauma, Violence & Abuse, 2*(1), 3-35. doi: 10.1177/1524838001002001001

Begum, F. (2010). *Ageing, discrimination and older women's human rights from the perspetives of CEDAW convention.* Disponível em http://www.globalaging.org/agingwatch/cedaw/cedaw.pdf

Brandl, B. (2002). Power and control: Understanding domestic abuse in later life. *Generations,* XXIV(2), 39-45.

CIG (2010). *Igualdade de género em Portugal 2010.* Lisboa: CIG.

Desmarais, S. L. & Reeves, K. A. (2007). Gray, black and blue: the state of research and intervention for intimate partner abuse among elders. *Behavioral Sciences and the Law, 25*(3), 377-391. doi: 10.1002/bsl.763

Dubin, B., Lelong, J. & Smith, B. K. (1988). *Faces of Neglect.* Disponível em http://eric.ed.gov/PDFS/ED303724.pdf

Dunlop, B., Beaulaurier, R., Seff, L., Newman, F., Malik, N. & Fuster, M. (2005). *Domestic violence against older women: Final technical report.* Miami: The Center on Aging of Florida International University. Disponível em http://www2.fiu.edu/~coa/downloads/elder%20justice/final_techinical.pdf

Ferreira-Alves J. (2004). Fatores de risco e Indicadores de Abuso e Negligência de Idosos. *Polícia e Justiça, número especial,* 133-151. Disponível em http://repositorium.sdum.uminho.pt/bitstream/1822/4423/3/abuso%20e%20neglig%c3%aancia%20--%20ciencias%20criminais.pdf

Ferreira-Alves, J. (2005). Avaliação do Abuso e Negligência de Pessoas Idosas: Contributos para a sistematização de uma visão forense dos maus-tratos. In Gonçalves, R. A.& Machado, C. (Eds.) *Psicologia Forense.* Pp. 319-341. Coimbra: Quarteto.

Ferreira-Alves, J. (2006). *A prevalência de abuso emocional, físico e sexual de idosos numa amostra da comunidade de Braga.* Braga: Universidade do Minho.

Ferreira-Alves J. & Sousa, M. (2006). Indicadores de maus-tratos a pessoas idosas na cidade de Braga: estudo preliminar. *Sociologia,* 06. Disponível em http://repositorium.sdum.uminho.pt/bitstream/1822/5306/1/sociologia%2c%20flup.pdf

Ferreira-Alves, J. & Santos, A. J. (2011). *Prevalence Study of Violence and Abuse against Older Women. Results of the Portugal Survey (AVOW Project)*. Braga: Universidade do Minho.

Fisher, V. (2010). *Working with battering Women. A Handbook for Health Care Professionals*. Disponível em http://www.hotpeachpages.net/canada/air/medbook/contents.html

Folkman, S. & Moskowitz, J. T. (2004). Coping: Pitfalls and Promise. *Anual Reviews Psychology*, 55, 745-774.

Glasgow, K. & Fanslow, J. L. (2006). *Family Violence Intervention Guidelines: Elder abuse and neglect*. Wellington: Ministry of Health.

IAFN – International Association of Forensic Nurses (2003). *Nursing Responses to Elder Mistreatment*. An Education Curriculum, IAFN, Arnold.

INE (2012). *Estatísticas no feminino: ser mulher em Portugal, 2001-2011*. Lisboa: INE.

Machado, C. et al. (2009). Crenças e atitudes dos profissionais face à violência conjugal. Estudos com profissionais de saúde, polícias e professores. *Ata Médica Portuguesa*, 22, 735-742. Disponível em www.actamedicaportuguesa.com/pdf/2009-22/6/735-742.pdf

Nägele, B., Böhm, U., Görgen, T. & Tóth, O. (2010). *Intimate partner violence against older women. Summary report*. Disponível em http://www.ipvow.org/images/stories/ipvow/reports/summary_report_final.pdf

Perista, Heloísa e Baptista, Isabel (2009), *Breaking the Taboo, Violência contra mulheres idosas em contexto familiar: Reconhecer e agir*, Cruz Vermelha Austríaca, Daphne, Comissão Europeia.

Perista, H., Silva, A. & Neves, V. (2010). *IPVoW – Violência contra mulheres idosas em relações de intimidade*. CESIS, Daphne, Comissão Europeia. Disponível em http://ipvow.org/images/stories/ipvow/reports/IPVoW_Portugal_Portuguese_final.pdf

Perista, H., Baptista, I. & Silva, A. (Eds.) (2011) *Breaking the taboo 2. Violência contra mulheres idosas no contexto das famílias: reconhecer e agir*. Lisboa: CESIS (CD-rom).

Schaufeli, W. B. (2002) Coping with job stress. In Smelser & Baltes (eds), *International Encyclopedia of the Social & Behavioral Sciences*. Oxford: Elsevier, 7984-7

Scott, M. (2008). *Older women and domestic violence in Scotland*. Update 2008. Centre for Research on Families and Relationships. Disponível em http://www.era.lib.ed.ac.uk/bitstream/1842/2776/1/owdvupdate.pdf

Stark, E. (2010). Coercive control. *Fatality Review Bulletin,Spring 2010*, 2-4 Disponível em http://www.mnadv.org/NDVFRI_Spring_2010_Newsletter%5B1%5D.pdf

INTERVENÇÃO PSICOLÓGICA E SOCIAL COM VÍTIMAS

Strümpel, C., Gröschel, C. & Hackl, C. (Eds.) (2010). *Breaking the Taboo. Violence against older women in families: recognizing and acting.* Disponível em http://www.btt--project.eu/fileadmin/btt/PDFs/Broschuere_eng_web.pdf

The Family Violence Prevention Fund (2004). *National Consensus Guidelines on identifying and responding to domestic violence victimization in health care settings.* Disponível em www.endabuse.org/health

Winterstein, T. & Eisikovits, Z. (2005). The experience of loneliness of battered old women. *Journal of Women & Aging, 17*(4), 3-19.

Winterstein, T. & Eisikovits, Z. (2009). "Aging out" of violence: the multiple faces of intimate violence over the life span. *Qualitative Health Research, 19*(2), 164-180.

Terapias Focadas no Trauma para Sobreviventes de Violação

Michelle J. Bovin*,** Stephanie Y. Wells* & Patricia A. Resick*,**
*National Center for PTSD, VA Boston Healthcare System, EUA
**Boston University School of Medicine, EUA

Resumo

A violação é uma experiência devastadora para os/as seus/suas sobreviventes e pode causar danos a longo-prazo, destacando-se em particular a perturbação de stresse pós-traumático (PSPT) e a perturbação depressiva major (PDM). A investigação indica que as mulheres tendem a ser mais vítimas deste crime do que os homens. Felizmente, os avanços nesta área têm permitido o desenvolvimento de tratamentos eficazes na remediação das consequências mais graves associadas a este evento traumático. A implementação destes tratamentos pode aliviar eficazmente as sequelas da violação e apoiar os/as sobreviventes na construção de vidas saudáveis e satisfatórias. No presente capítulo serão descritos vários tratamentos validados empiricamente cuja eficácia tem sido demonstrada no tratamento de sintomatologia associada à violação e, especificamente, no tratamento de quadros de PSPT e DM. Começaremos por discutir a prevalência da violação e a psicopatologia associada para, posteriormente, descrever brevemente estratégias de avaliação da violação. Serão

INTERVENÇÃO PSICOLÓGICA E SOCIAL COM VÍTIMAS

em seguida apresentadas sucintamente algumas considerações teóricas subjacentes ao suporte empírico das terapias focadas no trauma.

A maior parte do capítulo será dedicada a descrever três terapias focadas no trauma – Treino de Inoculação de Stresse, Exposição Prolongada e Terapia de Processamento Cognitivo – que revelaram elevados níveis de eficácia no tratamento de sobreviventes de violação. Na conclusão será discutido o processo de escolha da terapia a utilizar em casos de violação e apresentadas algumas recomendações para os/as terapeutas.

Terapias Focadas no Trauma para Sobreviventes de Abuso Sexual

A violação é um crime violento que pode resultar em consequências devastadoras. O Relatório sobre Violência e Saúde da Organização Mundial de Saúde define a violação sexual como "penetração forçada fisicamente ou por meio de coação – mesmo que ligeira – da vulva ou ânus, com o pénis, outras partes do corpo ou um objecto" (Krug, Dahlberg, Mercy, Zwi & Lozano, 2002, p. 149).

No entanto, as definições legais de violação podem variar de país para país. Para manter alguma consistência, os/as investigadores que estudam a violação tendem a usar medidas validadas empiricamente para a operacionalização do constructo. Uma das medidas mais frequentemente utilizadas é o *Sexual Experiences Survey* (SES; Koss, Gidycz & Wisniewski, 1987). O SES identifica quatro formas de investidas sexuais não desejadas, incluindo contacto sexual (e.g., carícias, beijos), coerção sexual (e.g., comportamentos sexuais conseguidos através de críticas ou ameaças), tentativas de violação (e.g., tentativas de penetração oral, anal ou vaginal não sucedidas) e violação (e.g., penetração oral, anal ou vaginal). Apesar de ambos os sexos se puderem constituir como vítimas deste crime, as mulheres tendem a ser mais vítimas de violação do que os homens (e.g., Logan, Cole & Capillo, 2007).

Na realidade, os estudos epidemiológicos indicam que aproximadamente 1 em cada 7 mulheres experienciou uma violação consumada (Kilpatrick, Resnick, Ruggiero, Conoscenti & McCauley, 2007; Wolitzky-Taylor et al., 2011). A ocorrência da violação poderá ser, no entanto, mais prevalente do que as estimativas sugerem devido ao facto de ser um evento pouco reportado (e.g., Kilpatrick, Veronen & Resick, 1982; Wolitzky-Taylor et al., 2011).

Nos últimos 30 anos, a literatura acerca da prevalência e do impacto psicológico da violação aumentou significativamente. Os mitos sobre a violação

TERAPIAS FOCADAS NO TRAUMA COM SOBREVIVENTES DE VIOLAÇÃO

continuam a abundar e a influenciar as crenças acerca de muitos dos seus aspetos, tais como a relação vítima-agressor (e.g., a violação é um crime apenas perpetrado por estranhos; e.g., Johnson, Kuck & Schander, 1997) e os contextos onde a violação tem lugar (e.g., a violação ocorre apenas em áreas isoladas; e.g., Payne, Lonsway, & Fitzgerald, 1999). No entanto, a investigação tem demonstrado que estes mitos não reflectem a realidade com precisão. Os/as investigadores/as concluíram, por exemplo, que as mulheres têm maior probabilidade de ser violadas por pessoas que conhecem do que por estranhos (Logan et al., 2007; Martin, Taft & Resick, 2007; Ullman & Brecklin, 2002). Adicionalmente, o contexto onde a violação tem lugar tende a variar em função da relação vítima-agressor; enquanto a violação perpetrada por não-estranhos tende a ocorrer em contextos privados (e.g., em casa), a violação perpetrada por estranhos tende a ter lugar em locais públicos (Logan et al., 2007).

Muitas mulheres violadas não partilham com os outros essa informação. As/Os sobreviventes de violação podem optar por não revelar que foram abusadas/os devido ao medo de retaliação por parte do perpetrador, ao estigma ou à culpa que lhes pode ser imputada (Kilpatrick, 1983). Por outro lado, a não revelação pode dever-se ao facto das vítimas não significarem a experiência de violação como tal (Koss, 1985). Por exemplo, as mulheres que conhecem os seus perpetradores terão menos tendência para classificar o sexo forçado como violação (e.g., Koss, Dinero, Seibel & Cox, 1988). Infelizmente, a relutância das/os sobreviventes para rotular e revelar a violação pode ser agravada pela ação de terapeutas bem intencionadas/os; a investigação tem demonstrado que quando os/as terapeutas não questionam as vítimas sobre experiências de abuso, estas podem não as revelar espontaneamente (Kilpatrick, 1983).

Considerando as elevadas taxas de prevalência da violação e o facto de ser um crime frequentemente pouco reportado, recomenda-se que as/os terapeutas questionem diretamente as/os pacientes sobre se já experienciaram agressão sexual. No entanto, devido à natureza sensível deste assunto, é importante introduzir este tópico suavemente antes de perguntar às/aos pacientes se já experienciaram este tipo de vitimação (Kilpatrick, 1983). Quando se aborda a violação, é importante providenciar psicoeducação, informando as/os pacientes sobre o elevado número de mulheres que já experienciou atividade sexual não desejada e normalizar a relutância dos/as sobreviventes para o revelar.

INTERVENÇÃO PSICOLÓGICA E SOCIAL COM VÍTIMAS

Aquando da inquirição de experiencias passadas de violação, a formulação das questões é importante. Tendo em conta a dificuldade das/os sobreviventes em rotular este tipo de evento como abusivos, questões sobre comportamentos (e.g., alguém, alguma vez, a/o ameaçou ou forçou a praticar atos sexuais, de natureza anal, vaginal ou oral, sem o seu consentimento?), e não especificamente sobre violação, podem facilitar a revelação. Se as/os pacientes revelarem ter experienciado este tipo de comportamentos, é importante formular questões adicionais sobre a(s) experiência(s), tais como detalhes do(s) incidente(s) e do/a(s) perpetrador/a(es/as). No curso desta avaliação, as/os terapeutas devem garantir um ambiente livre de julgamentos onde as/os sobreviventes de violação se possam sentir seguras/os.

No período pós-violação, as/os sobreviventes tendem a ver aumentadas as emoções negativas (e.g., medo) bem como os sintomas psicológicos (e.g., ansiedade e depressão, perturbação de stresse agudo). Para muitas/os sobreviventes, estes sintomas entrarão em remissão naturalmente num período de 3 a 4 meses após o evento (Resick, 1990; Rothbaum, Foa, Riggs, Murdock & Walsh, 1992; Steketee & Foa, 1987). No entanto, um número significativo de mulheres desenvolverá distúrbios que afetam o seu funcionamento global e que podem persistir de meses a anos. Como resultado da violação, as dificuldades psicológicas podem incluir perturbação de stresse pós-traumático (PSPT; Kessler, Sonnega, Bromet, Hughes & Nelson, 1995; Resick, 1993) ansiedade e depressão (Foa & Rothbaum, 1998), disfunção sexual (Resick, 1993), problemas de relacionamento interpessoal (Ellis, Atkenson, & Calhoun, 1981) e até suicídio (Gradus et al., in press).

A investigação sugere que a PSPT e a depressão são as duas formas mais comuns de psicopatologia desenvolvidas após a violação (Resick, 1990). O desenvolvimento de sintomas de PSPT é o resultado mais provável da vitimação entre aquelas/es que não recuperam naturalmente. As/Os sobreviventes de violação constituem um dos grupos que integra mais pessoas com PSPT, sendo que estudos epidemiológicos identificam o abuso sexual como o trauma que mais provavelmente conduzirá ao desenvolvimento de PSPT (Kessler et al., 1995). Por exemplo, Gutner, Rizvi, Monson e Resick (2006) concluíram que 81% das mulheres que tinham reportado o crime preenchiam, duas semanas após a violação, a totalidade dos critérios de diagnóstico da PSPT e 53% preenchiam-na 3 meses após o crime. Kilpatrick e colaboradores, através de um estudo com uma amostra de sobreviventes do sexo feminino, cuja média de anos decorrida após o abuso era de 17, verificaram que 57% das vítimas preenchiam, ao longo da vida, os critérios de diagnóstico da PSPT e 16,5% apresentavam os mesmos critérios no momento da avaliação (Kilpatrick, Saunders, Veronen, Melhor & Von, 1987). Estes resultados demonstram o impacto que a violação pode ter no bem-estar psicológico das/os sobreviventes muito tempo após o acontecimento.

Apesar da PSPT ser a perturbação psicológica que mais frequentemente se desenvolve como consequência da violação, as mulheres violadas também desenvolvem habitualmente perturbação depressiva major. A título ilustrativo, numa amostra de sobreviventes de violação com PSPT, em tratamento, Resick, Nishith, Weaver, Astin e Feuer (2002) constataram que 41% também preenchia os critérios para PDM. As mulheres violadas tendem igualmente a desenvolver mais a PDM do que as mulheres que não foram violadas. Ellis e colaboradores (1981), por exemplo, compararam mulheres que tinham sido violadas, pelo menos um ano antes, com um grupo de controlo de não-vítimas, concluindo que as sobreviventes de violação estavam significativamente mais deprimidas do que as não-vítimas. Mais concretamente, 19 % das sobreviventes, em comparação com 8% do grupo de controlo, estavam severamente deprimidas. Os estudos epidemiológicos são consistentes com os resultados de Ellis e colaboradores (1981). Kilpatrick e colaboradores (2007) verificaram que as mulheres violadas apresentam maior probabilidade de desenvolver depressão do que as mulheres que não foram violadas.

Nos últimos anos, as terapias focadas no trauma foram-se desenvolvendo no sentido de aliviar os sintomas psicológicos de sobreviventes de violação através do tratamento de perturbações psicológicas associadas ao trauma, em particular a PSPT. No presente capítulo, será apresentada uma breve revisão dos fundamentos teóricos que sustentam empiricamente as terapias focadas no trauma. Em seguida, serão apresentadas em detalhe três terapias focadas no trauma que têm vindo a demonstrar sucesso no tratamento de sobreviventes de violação. Concluiremos o capítulo com uma discussão sobre como escolher uma terapia, assim como com recomendações para as/os terapeutas.

Contextualização teórica das Terapias Focadas no Trauma para Sobreviventes de Violação

Inúmeras teorias acerca da PSPT e de outras reações pós-violação têm vindo a ser propostas como o objetivo de compreender as respostas das/os sobreviventes de violação no período pós-vitimação. Estas teorias têm vindo também a influenciar o desenvolvimento de tratamentos para as/os sobreviventes. É imperativo que as/os terapeutas conheçam não só os tratamentos que podem ajudar as/os sobreviventes de violação, mas igualmente os racionais teóricos que lhes estão subjacentes. Assim, será apresentada uma breve revisão de três quadros teóricos que influenciaram o desenvolvimento das terapias cognitivo-comportamentais mais validadas empiricamente em casos de violação.

Os primeiros tratamentos (e.g., treino de inoculação de stress) foram influenciados pela teoria dos dois factores de aprendizagem do evitamento de Mowrer (1960). A teoria baseia-se quer no condicionamento clássico, quer no condicionamento operante para explicar os sintomas que são observados em sobreviventes de violação. Especificamente, o primeiro factor da teoria sugere que os estímulos inicialmente neutros (e.g., os estímulos condicionados), mas que estão associados à violação (e.g., estímulos não condicionados) suscitam uma resposta de medo (e.g., resposta condicionada) que é evocativa da reação da vítima de violação durante o trauma (e.g., resposta não condicionada). Por outras palavras, certos cenários, sons e até mesmo momentos do dia podem evocar memórias da violação nas/os sobreviventes, levando-as/os a responder do mesmo modo que responderam durante a violação.

O segundo factor da teoria de Mowrer (1960) apoia-se no condicionamento operante para explicar a manutenção das respostas oriundas do condicionamento clássico. A teoria explica que pistas ambientais podem servir para aumentar (reforçar) ou diminuir (punir) comportamentos. Enquanto o reforço positivo aumenta os comportamentos dos indivíduos gratificando-os com consequências agradáveis (e.g., receber mais dinheiro por mais trabalho encorajará os indivíduos a trabalhar mais), o reforço negativo aumenta os comportamentos gratificando os indivíduos com a fuga ou o evitamento de consequências desagradáveis. A aplicação da teoria de Mowrer a casos de violência sugere que o evitamento dos estímulos que estão associados à violação funciona como um reforço negativo para as vítimas, já que lhes permite escapar ou evitar respostas negativas associadas ao evento. As teorias da aprendizagem contemporâneas têm permitido aprofundar o entendimento de como se desenvolvem e mantêm os sintomas específicos da PSPT (e.g., sintomas de re-experienciação; Cahill, Rothbaum, Resick & Follette, 2009).

Mais recentemente, as teorias de processamento emocional e de informação têm vindo a influenciar os tratamentos de vítimas de violação. Em particular, a teoria do processamento emocional (Foa & Kozak, 1986) tem sido utilizada para explicar o desenvolvimento da PSPT como consequência da violação; esta teoria fornece a base para um dos tratamentos mais validados empiricamente para as sequelas da violação (e.g., Exposição Prolongada). A teoria do processamento emocional é baseada em duas proposições. A primeira proposição afirma que os indivíduos com PSPT desenvolvem uma estrutura de medo patológico. As estruturas de medo são hipoteticamente o local da memória onde estão armazenadas as representações dos eventos que provocam ansiedade. As estruturas de medo poderão incluir três tipos de informação: informação sobre os estímulos que causam medo, informação sobre a resposta das/os sobreviventes aos estímulos que causam medo e informação sobre o significado dos estímulos que causam medo e sobre as respostas por eles desencadeadas (Shipherd, Street & Resick, 2006). Em sobreviventes de violação, a estrutura de medo é patológica porque inclui um elevado número de estímulos, muitos deles neutros antes da violação. A teoria do processamento emocional sugere que a estrutura de medo é ativada quando a/o sobrevivente se confronta com informação representada previamente. Esta ideia pode ser considerada uma extensão do trabalho de Mowrer (1960), na medida em que admite que os estímulos condicionados, anteriormente descritos pelo autor, possam estar representados numa estrutura específica da memória. A teoria do processamento emocional sugere que quando as/os sobreviventes de violação sexual são expostas/os a estímulos representados na sua estrutura do medo (e.g., cenário, cheiros), ativam as suas redes de medo, as quais as/os fazem responder como se estivessem em perigo. Estas pistas são então generalizadas para além de estímulos evocativos específicos.

A segunda proposição da teoria do processamento emocional afirma que o tratamento eficaz de sobreviventes de violação ocorre quando os elementos patológicos da estrutura de medo são modificados (e.g., os estímulos previamente neutros que atualmente fazem parte da estrutura do medo passam, como no início, a ser identificados como neutros).

Este processo de modificação é referido como processamento emocional. Segundo a teoria, as/os sobreviventes de violação que desenvolvem PSPT são aquelas/es que não ativaram adequadamente as suas estruturas de medo após a violação (e.g., pelo evitamento de estímulos evocativos) e/ou aquelas/es a quem não foi apresentada informação corretiva (e.g., a vítima não foi exposta a uma situação previamente neutra que lhe tivesse feito recordar da violação o tempo suficiente para aprender que essa situação não é perigosa). Segundo a teoria, para que o processamento emocional ocorra e para que as/os sobreviventes possam recuperar, a estrutura de medo deve ser ativada e fornecidas as informações corretivas. A teoria cognitiva também influenciou o desenvolvimento de tratamentos validados empiricamente para as consequências da violação (e.g., Terapia do Processamento Cognitivo). Ao contrário das teorias de processamento emocional e de informação, as teorias cognitivas têm em consideração os efeitos da violação ao nível das emoções em geral e não apenas do medo. Estas teorias afirmam que as reações emocionais negativas da violação são produto das interpretações das/os sobreviventes sobre o evento. As interpretações da violação são muitas vezes distorcidas, já que a experiência de um evento traumático, como a violação, pode alterar as crenças básicas dos indivíduos acerca de si mesmos, dos outros e do mundo (Shipherd et al., 2006). Assim, as teorias cognitivas procuram compreender como é que as/os sobreviventes de violação integram a violação no seu sistema de crenças. Idealmente, as/os sobreviventes de violação irão modificar as suas crenças sobre si próprias/os e sobre o mundo de modo a integrar a informação entretanto adquirida sobre o trauma (i.e., pela acomodação; e.g., "algumas situações são perigosas, mas nem todas"). No entanto, as/os sobreviventes de violação, distorcem frequentemente as suas crenças sobre a violação, na tentativa de preservar as suas crenças antigas sobre si mesmas/os e sobre o mundo (i.e., pela assimilação; e.g., "eu devo ter feito por merecer") ou generalizam excessivamente as crenças sobre a violação em detrimento das crenças prévias (i.e., pela sobre-acomodação; e.g., "o mundo é totalmente inseguro"; Resick & Schnicke, 1993). As terapias que derivam da teoria cognitiva propõem que a reestruturação cognitiva, que se foca na identificação de padrões de pensamento disfuncionais que originam reações emocionais exageradas, é necessária para a redução da psicopatologia pós-violação (Naugle, Resnick, Gray & Acierno, 2002).

Um exemplo de uma teoria cognitiva que tem sido aplicada a casos de violação é a dos "pressupostos destruídos"[1] (Janoff-Bulman, 1992). Esta teoria sugere que, depois de uma violação, três pressupostos principais são postos em causa: o pressuposto da invulnerabilidade, o pressuposto de que o mundo é um lugar significativo e previsível e o pressuposto de que se é digno e bom. Esta teoria tem sido criticada por não considerar a possibilidade da violação não ter sido o primeiro trauma experienciado pelo indivíduo (e, neste caso, os pressupostos não seriam destruídos, mas confirmados). McCann, Sakheim e Abrahamson (1988) sugerem que, após uma violação, cinco dimensões principais podem ser afetadas: a segurança, a confiança, o poder/controlo, a estima e a intimidade. Ao contrário do que postula a teoria de Janoff-Bulman, esta teoria sugere que a psicopatologia associada à violação pode resultar quer da disrupção de pressupostos positivos previamente adquiridos, quer da confirmação das crenças negativas anteriormente existentes. Resick, Monson e Chard (2008a) também explicaram como novos traumas parecem confirmar crenças negativas desenvolvidas a partir de traumas passados ou de uma educação infantil negativa. Estes autores focaram-se no modo como é ensinada aos indivíduos a "teoria do mundo justo" (i.e., as coisas boas acontecem às pessoas boas e as coisas más acontecem às pessoas más; Lerner, 1965) pelos pais, professores/as e outras fontes de influência (e.g., religiões) e como esta dificulta que as/os sobreviventes de traumas abandonem a ideia de que o evento poderá ter sido causado por algo que fizeram ou por algo que está errado com elas/es (i.e., porque continuam a subscrever a crença num "mundo justo").

As terapias cognitivas que são usadas para tratar sobreviventes de violação integram tipicamente a teoria dos pressupostos destruídos, as cinco dimensões de McCann, Sakheim e Abrahamson (1988) e a teoria do mundo justo.

Tratamentos validados empiricamente

As três teorias acima mencionadas forneceram a base para o desenvolvimento de uma série de tratamentos validados empiricamente para sobreviventes de violação. Três dos tratamentos desenvolvidos a partir dessas teorias, cujo

---

[1] Traduzido do original "shattered assumptions".

suporte empírico tem sido amplamente demonstrado, são apresentados em seguida.

Treino de inoculação do stresse

O treino de inoculação do stresse (TIS) foi um dos primeiros modelos de tratamento a ser utilizado com sobreviventes de violação. O TIS foi, inicialmente, desenvolvido por Meichenbaum (1974), tendo as suas raízes na teoria dos dois fatores de aprendizagem de Mowrer (1960). Este modelo de tratamento foi adaptado por Kilpatrick e colaboradores (1982) com o objetivo de ser usado, em concreto, com sobreviventes de violação. Uma vez que Kilpatrick e colaboradores desenvolveram o TIS numa altura em que a PSPT ainda não era frequentemente usada para descrever a sintomatologia decorrente da violação, o protocolo do TIS foi atualizado para incorporar os avanços entretanto efetuados na área (e.g., Resick & Jordan, 1988). O TIS tem evidenciado significativa eficácia quando dirigido a mulheres sobreviventes de violência sexual. Por exemplo, dois estudos concluíram que uma versão adaptada do TIS (i.e., o TIS sem a exigência de se treinar competências, como trabalho de casa, fora das sessões), aplicada em 9 sessões de 90 minutos cada, apresentou melhores resultados ao nível do decréscimo de sintomas da PSPT e depressão, quando comparada com os resultados de uma lista de espera controlo e de um grupo de aconselhamento (FOA, Rothbaum, Riggs, & Murdock, 1991; Foa et al, 1999).

O TIS é composto por três fases: uma fase inicial, uma fase de construção de competências e uma fase de aplicação. Na fase inicial, que normalmente consiste em uma ou duas sessões, é providenciada psicoeducação às/aos pacientes com o intuito de normalizar as suas reações à violação através da explicação sobre a relação entre sinais de medo, reações automáticas ao medo, pensamentos intrusivos e comportamentos de evitamento. Além disso, esta fase é usada para apresentar o racional do tratamento (Veronen & Kilpatrick, 1983). Modificações introduzidas na fase inicial do protocolo têm vindo a ser utilizadas para recolher informação adicional sobre a violação e a sintomatologia subsequente (e.g., sintomas de PSPT; Foa et al, 1991). Na fase da construção de competências as/os pacientes são treinadas/os em seis competências distintas: relaxamento muscular, controlo da respiração, modelagem coberta, paragem de pensamento, *role playing*, e auto-diálogo dirigido. Finalmente, na fase de aplicação do tratamento, as/os pacientes usam as competências recém-adquiridas em situações ansiogénicas nas quais as pistas indutoras de medo estão associadas com as estratégias de *coping* (Bennice & Resick, 2002).

A apresentação de cada estratégia de *coping* obedece a um formato prescrito. Em primeiro lugar, a estratégia de *coping* é definida. É dada às/aos pacientes informação sobre a importância de cada estratégia de *coping* e de como pode ser rapidamente adquirida. Em segundo lugar, é apresentado o racional de cada estratégia. As/Os terapeutas e pacientes discutem os comportamentos, as reações ou sintomas que poderão ser aliviados através do uso das estratégias, assim como as semelhanças e as diferenças entre as novas estratégias e as anteriormente adquiridas. Em terceiro lugar, as/os terapeutas exemplificam a estratégia ou explicam às/aos pacientes como a estratégia deve ser aplicada. Em quarto lugar, as/os pacientes treinam a estratégias com um problema não relacionado com o comportamento alvo. Em quinto lugar, as/os terapeutas pedem às/aos pacientes que expliquem o que fizeram e como avaliam a aplicação da estratégia. Finalmente, as/os pacientes treinam novamente a estratégia, desta vez focando o comportamento alvo. O número de sessões necessárias para cada estratégia depende da capacidade de cada paciente para a adquirir e dominar.

No protocolo de Kilpatrick e colaboradores (1982), as estratégias são apresentadas pela seguinte ordem: relaxamento muscular, controlo da respiração, modelagem coberta, paragem de pensamento, *role playing*, e auto-diálogo dirigido. O relaxamento muscular é ensinado utilizando-se o modelo de contraste tensão-relaxamento de Jacobson (1938), no âmbito do qual as/os pacientes são treinadas/os a relaxar todos os grupos musculares principais. Recebem também uma gravação áudio em que a/o terapeuta conduz o relaxamento: as/os pacientes utilizam a gravação para praticar o relaxamento entre as sessões. Sessões de relaxamento adicionais são realizadas para treinar as/os pacientes nos procedimentos de "focar" e "largar", com o objetivo de as/os ensinar a relaxar rapidamente. Após o relaxamento muscular a/o terapeuta introduz o controlo da respiração. O treino de controlo da respiração enfatiza a respiração profunda e diafragmática. Tal como o relaxamento muscular, o controlo da respiração é inicialmente praticado na sessão e, mais tarde, treinado enquanto trabalho de casa, para que as/os pacientes possam continuar a aperfeiçoar a técnica fora do contexto terapêutico.

INTERVENÇÃO PSICOLÓGICA E SOCIAL COM VÍTIMAS

A terceira estratégia introduzida é a modelagem coberta. Durante o seu treino, as/os pacientes são ensinadas/os a visualizar situações em que são confrontadas/os com estímulos que provocam medo ou ansiedade. O objectivo desta estratégia é apoiar as/os pacientes na aprendizagem da gestão das manifestações comportamentais do medo decorrentes da violação. A quarta estratégia é o *role-playing*. O *role-playing* é semelhante à modelagem coberta, na medida em que ajuda as/os pacientes a confrontar situações que desencadeiam medo. No entanto, em contraste com a modelagem coberta, que exige confrontos imaginários, no *role playing* a/o terapeuta e as/os pacientes recriam situações geradoras de medo. No curso da apresentação do racional do *role-playing*, as/os pacientes são informadas/os de que esta estratégia fornece

> uma via de aprendizagem de novos comportamentos e palavras para velhas formas de fazer as coisas. Cria igualmente uma oportunidade de ensaiar o evento antes dele acontecer. É um ensaio geral. A prática repetida de um comportamento reduz a ansiedade e torna mais provável a utilização desse novo comportamento quando necessário (Veronen & Kilpatrick, 1983, p. 360).

As/Os pacientes são convidadas/os a efetuar o *role-playing*, nas sessões, coma/o terapeuta e, fora das sessões, com amigos/as e familiares.

A quinta estratégia apresentada é a paragem de pensamento (Wolpe, 1958). Para que o seu treino seja possível, as/os pacientes deverão começar por identificar um pensamento perturbador. Após identificar o pensamento (durante 30 a 45 segundos), a/o terapeuta diz em voz alta "stop", perguntando em seguida às/aos pacientes o que aconteceu quando lhes foi dito que parassem; as/os pacientes habitualmente respondem que o pensamento foi interrompido. Este exercício é repetido várias vezes. Posteriormente devem ser as/os próprias/os pacientes a dizer "stop" em voz alta a fim de parar o pensamento. Por último, as/os pacientes aprendem a interromper o pensamento, verbalizando em silêncio a palavra "stop". A paragem de pensamento é considerada útil na redução de pensamentos obsessivos associados ao dano. No entanto, esta estratégia deve ser usada apenas com pensamentos ruminativos. É importante que a/o paciente não use a paragem de pensamento para evitar pensar sobre o trauma. Esta estratégia pode não figurar do protocolo caso a/o paciente a utilize frequentemente para evitar pensamentos relacionados com o trauma.

A última estratégia apresentada é o auto-diálogo dirigido. Durante o seu treino, as/os pacientes são convidadas/os a focar-se no seu diálogo interno para determinar aquilo que têm vindo a dizer a si mesmas/os. Pensamentos extremos e negativos são identificados e as/os pacientes são ensinadas/os a substituir esses pensamentos por outros mais equilibrados, baseados em evidências. Para o fazer, a/o terapeuta e as/os pacientes formulam uma série de perguntas ou afirmações que possam ajudar as/os pacientes a: avaliar a probabilidade de um evento negativo ocorrer; gerir comportamentos de evitamento; controlar o auto-discurso negativo; envolver-se em comportamentos temidos; e receber reforço positivo pelo envolvimento no comportamento. No fim de cada sessão de aquisição de competências, as/os pacientes devem realizar tarefas de casa. Estas tarefas implicam o treino das competências fora das sessões ou o envolvimento em situações de exposição *in vivo* (i.e., confronto com uma situação temida pelas/os pacientes, mas objetivamente segura para as/os mesmas/os).

Sublinhe-se que apesar de Kilpatrick e colaboradores (1982) terem conceptualizado o protocolo com a sequência de estratégias descrita em cima, versões modificadas do mesmo, com alteração da ordem ou adição de competências, obtiveram igual sucesso. Por exemplo, Veronen e Kilpatrick (1983) optaram por usar o *role-playing* antes da modelagem coberta, enquanto Foa et al. (1991, 1999) propuseram o *role-playing* e a modelagem em último lugar. Outros protocolos incluíram a reestruturação cognitiva (Beck, Rush, Shaw & Emery, 1979; Ellis, 1977) como sétima estratégia (e.g., Foa et al., 1991, 1999), bem como a orientação das/os pacientes no sentido do desenvolvimento de uma hierarquia de situações temidas na qual eram convidadas/os a envolver-se à medida que iam adquirindo as competências (i.e., Resick & Jordan, 1988). Com base em evidências empíricas, pode afirmar-se que a variação da ordem de apresentação das estratégias, bem como a inclusão de estratégias adicionais no protocolo não diminui a eficácia do tratamento na redução da sintomatologia em sobreviventes de violação.

A *exposição prolongada*

A exposição prolongada (EP; Foa & Rothbaum, 1998) é uma terapia baseada na exposição que é usada para tratar sequelas da PSPT e de outros traumas decorrentes da violação. As terapias baseadas na exposição partilham uma mesma característica, a de apoiar as/os pacientes no confronto com estímulos geradores de medo, ainda que objetivamente seguros, até à redução do seu *distress*. Estes tratamentos visam ativar memórias traumáticas, com o intuito de alterar os aspetos patológicos dessas mesmas memórias (Bennice & Resick, 2002).

A EP é diferente das outras terapias baseadas na exposição, na medida em que foi desenvolvida especificamente para o tratamento da PSPT, e propõe uma abordagem modificada do mecanismo de mudança, como descrito na teoria do processamento emocional (FOA & Kozak, 1986). Em particular, o objectivo da EP é a activação da rede de medo e o fornecimento de informação corretiva de modo a que o processamento emocional possa ocorrer. A EP foi validada empiricamente em muitos estudos. Cinco estudos aleatórios conduzidos junto de sobreviventes de agressões (predominantemente de violação) concluíram que a EP é eficaz na redução da PSPT e de outras psicopatologias decorrente do abuso (para uma revisão, ver Cahill et al., 2009). Um desses estudos (Foa et al., 1991) comparou a EP com uma versão modificada do TIS; os autores concluíram que embora o TIS tivesse sido mais eficaz na redução dos sintomas da PSPT imediatamente após o tratamento, as/os pacientes tratadas/os com EP apresentaram uma diminuição significativa da sintomatologia associada à PSPT três meses e meio após o tratamento. Foa et al. concluíram que enquanto o TIS é um tratamento mais eficaz a curto prazo, a EP revela-se mais eficaz a longo prazo. A EP é usada num formato individual, habitualmente em 9-12 sessões de 90 minutos cada, gravadas em áudio. Inclui quatro componentes: psicoeducação sobre o trauma e a PSPT, treino de respiração, exposição *in vivo* (i.e., atividades de confrontação seguras ou de baixo risco e situações que as/os pacientes tenham evitado por causa da sua associação ao trauma) e exposição imagética (i.e., confronto com memórias do trauma). No fim de cada sessão, a/o terapeuta e as/os pacientes processam os pensamentos e sentimentos experienciados pelas/os segundas/os durante a sessão. São atribuídos trabalhos de casa que as/os pacientes devem realizar até a próxima sessão (Riggs, Cahill, & Foa, 2006).

TERAPIAS FOCADAS NO TRAUMA COM SOBREVIVENTES DE VIOLAÇÃO

A sessão 1 da EP é de natureza psicoeducacional. A/O terapeuta descreve o tratamento e os procedimentos que serão utilizados, bem como explica à/ao paciente a natureza da PSPT. Nesta sessão, a/o terapeuta e as/os pacientes também identificam o índice de trauma das/os pacientes (i.e., "o pior trauma") que será o foco das sessões subsequentes. Se as/os pacientes tiverem sido expostas/os a outros eventos traumáticos (e.g., violações múltiplas), a/o terapeuta e as/os pacientes trabalham em conjunto para determinar qual dos eventos foi "o pior" (i.e., aquele que está presentemente a causar maior *distress*). Na restante sessão, a/o terapeuta introduz o treino de respiração (similar à competência "controlo da respiração", discutida acima a propósito do TIS). Como trabalho de casa, as/os pacientes são convidadas/os a praticar a respiração controlada, a ler um documento detalhado sobre o racional subjacente ao uso da EP e a ouvir a gravação áudio da sessão.

A sessão 2 tem dois componentes: a psicoeducação continuada e a introdução da exposição *in vivo*. A psicoeducação consiste em continuar a familiarizar as/os pacientes com reações comuns aos traumas. Após esta etapa introduz-se a exposição *in vivo*. Nas exposições *in vivo* (i.e., em contexto real) as/os pacientes confrontam, de forma realista, lugares seguros, objetos ou situações que funcionam como lembretes do trauma; as/os pacientes envolvem-se em cada exposição *in vivo* até que as lembranças do trauma deixam de provocar emoções fortes (Foa & Rothbaum, 1998). A/O terapeuta apresenta o racional deste procedimento e, juntamente com as/os pacientes, constrói uma hierarquia de situações que as/os pacientes têm vindo a evitar desde que a violação ocorreu. Cada situação na hierarquia é classificada tendo em conta o sofrimento subjetivo que as/os pacientes experimentam aquando da confrontação [classificação numa escala de sofrimento subjetivo, variando de 0 (*sem distress*) a 100 (*maior distress*)]. Como trabalho de casa, as/os pacientes são convidadas/os a ler um folheto que descreve as reações comuns ao trauma, a ouvir a gravação áudio da sessão, a continuar a praticar os exercícios respiratórios e a completar uma ou mais exposições *in vivo*.

A sessão 3 começa com uma revisão dos trabalhos de casa das/os pacientes. Posteriormente a/o terapeuta introduz o racional para a exposição imagética. As/Os pacientes são guiadas/os através da primeira exposição imagética, que é gravada num registo separado. Para esta exposição, é solicitado que as/os pacientes fechem os olhos, imaginem o pior evento traumático ao qual estive-

INTERVENÇÃO PSICOLÓGICA E SOCIAL COM VÍTIMAS

ram expostas/os, tão vividamente quanto possível, e que relatem cronologicamente o trauma, usando o tempo verbal presente. A exposição imagética dura 45 minutos; se a narrativa não durar os 45 minutos (o que é típico), pede-se às/aos pacientes para descrever novamente a violação. Durante a exposição, as/os pacientes devem indicar o seu nível de *distress* (na escala de sofrimento subjetivo) a cada 5-10 minutos. Este procedimento continua até que os 45 minutos sejam concluídos. Depois de terminar a exposição imagética, a/o terapeuta e as/os pacientes processam as reações das/os últimas/os à exposição. É dada especial atenção aos pensamentos e emoções que resultaram do relato. Como trabalho de casa, é solicitado às/aos pacientes que se envolvam diariamente em exposições *in vivo*, ouvindo a gravação áudio da exposição imagética enquanto imaginam o trauma tão vividamente quanto possível, ouvindo a gravação áudio da sessão pelo menos uma vez e praticando os exercícios de respiração.

Da sessão 4 à sessão 8 (se for utilizado um modelo de 9 sessões) ou à sessão 11 (se o modelo for de 12 sessões) segue-se essencialmente o mesmo padrão. As sessões começam com uma revisão de trabalhos de casa. Em seguida, as/os pacientes realizam uma exposição imagética de 30-45 minutos, seguida de 15-20 minutos de reestruturação cognitiva. Como trabalho de casa, as/os pacientes continuam a efetuar exposições *in vivo*, a ouvir diariamente a gravação áudio com a exposição imagética e a ouvir a gravação da sessão pelo menos uma vez por semana. Aproximadamente na 6.ª ou na 7.ª sessão, o foco das exposições imagéticas muda de um relato integral do trauma para um relato dos aspetos do trauma que causam maior *distress* (i.e., dos "pontos quentes"). É também possível realizar exposições imagéticas referentes a outros traumas, sempre que o anterior se torna menos perturbador.

Durante a sessão final do protocolo, a exposição imagética é reduzida a 20-30 minutos, concentrando-se nos "pontos quentes". Tal como nas sessões anteriores, a sessão começa com uma revisão dos trabalhos de casa. Contudo, após a exposição imagética e o seu processamento, a/o terapeuta e as/os pacientes discutem o progresso feito pelas/os últimas/os e como estas/es foram aplicando esses ganhos noutros aspetos das suas vidas. As/Os pacientes reavaliam as situações na hierarquia *in vivo* usando a escala do *distress* subjetivo. Através deste procedimento as/os pacientes podem analisar o seu progresso, bem como identificar situações que ainda são problemáticas; as situações problemáticas serão usadas no futuro, em exposições *in vivo*, após ser concluída a terapia. A sessão termina com uma breve discussão sobre a prevenção de recaídas e sobre o que fazer se as/os pacientes experimentarem um aumento dos sintomas. As/Os terapeutas revelam frequentemente preocupações sobre se as terapias baseadas na exposição podem ser perigosas para as/os pacientes, uma vez que implicam elevados níveis de ativação. Da mesma forma, preocupam-se com a possibilidade da técnica aumentar a sintomatologia das/s pacientes ou provocar o abandono precoce da terapia. Contudo, a literatura empírica sugere que as taxas de aumento da sintomatologia são baixas e que os tratamentos baseados na exposição não são mais susceptíveis de aumentar a sintomatologia do que outras intervenções terapêuticas. Por outro lado, as taxas de *dropout* parecem ser comparáveis às de outros tratamentos focados no trauma (Riggs et al., 2006). Assim, a literatura empírica sugere que a EP é um tratamento eficaz e seguro para a PSPT associada à violação.

Terapia do Processamento Cognitivo
Ao contrário do TIS ou da EP, a Terapia de Processamento Cognitivo (TPC; Resick & Schnicke, 1993) é uma terapia cognitiva e, como tal, é suportada pela teoria cognitiva. Foi desenvolvida com o objetivo de tratar a violação associada à PSPT, tendo entretanto sido expandida para tratar também outras perturbações (Cahill et al., 2009). A TPC demonstra uma forte validação empírica quando usada com mulheres sobreviventes de violação (Resick et al., 2002), com mulheres adultas sobreviventes de abuso sexual na infância (Chard, 2005) e com mulheres sobreviventes de violência sexual e física (Resick et al., 2008b). As investigações que comparam a TPC e a EP constataram que as duas terapias são igualmente eficazes na redução dos sintomas de PSPT e de depressão (e.g., Resick et al., 2002; Resick, Nishith, & Griffin, 2003) e que a recidiva é praticamente inexistente em vítimas de violação que foram sujeitas a ambos os tratamentos após 5-10 anos (Resick, Williams, Suvak, Monson, & Gradus, 2011). Contudo, a TPC parece ser mais eficaz do que a EP na redução dos sentimentos de culpa em duas das quatro medidas (i.e., nas subescalas de viés retrospetivo e de falta de justificação do Inventário da Culpa relacionado com o Trauma; Kubany et al., 1996) e nas preocupações relacionadas com a saúde (Galovski, Monson, Bruce & Resick, 2009).

A TPC define três objetivos terapêuticos (Shipherd et al., 2006). O primeiro objetivo é sinalizar emoções que ocorrem geralmente como produto do trauma da violação, incluindo raiva, humilhação, vergonha, culpa e tristeza (Bennice & Resick, 2002). Neste sentido, a TPC é única, na medida em que considera que os sintomas relacionados com a violação não estão apenas associados ao medo. O segundo objetivo da TPC é significar as memórias traumáticas. O terceiro objetivo, ligado ao segundo, é examinar os níveis de acomodação das memórias traumáticas em relação às crenças prévias das/os pacientes, sobre si mesmas/os e sobre o mundo. A TPC pretende ajudar as/os pacientes na acomodação adequada da violação às memórias e crenças pré-existentes. Para tal é necessário, em primeiro lugar, ajudar as/os pacientes a desafiar as suas crenças, particularmente aquelas associadas à auto-responsabilização e à culpa. O protocolo concentra-se, em seguida, no desafio das crenças sobre-acomodadas, particularmente as que estão associadas aos temas definidos por McCann et al. (1988): segurança, confiança, poder/controlo, estima e intimidade.

A TPC é composta por um programa de 12 sessões, com uma ou duas sessões semanais de 50-60 minutos (Resick & Schnicke, 1993). A sessão 1 começa com psicoeducação sobre a PSPT, com uma visão geral do tratamento e com um trabalho de casa que convida à redação de uma declaração de impacto sobre o significado pessoal do evento. A declaração de impacto visa fazer emergir as explicações das/os pacientes acerca das causas do acontecimento e do modo como este as/os afetou nos cinco domínios definidos por McCann et al. (1988). Durante esta sessão, a/o terapeuta e as/os pacientes determinam o índice de trauma das/os últimas/os. À semelhança do que acontece com a EP, se as/os pacientes experimentaram eventos traumáticos adicionais, a/o terapeuta e as/os próprias/os trabalham em conjunto para determinar qual dos eventos foi o "pior".

A sessão 2 começa com a leitura, pelas/os pacientes, da declaração de impacto e com a discussão do significado da violação. Se as/os pacientes não tiverem concluído a sua declaração de impacto, ela é concluída na sessão, com vista a não reforçar-se o evitamento. A/O terapeuta e as/os pacientes trabalham em conjunto para identificar as crenças e cognições problemáticas mais evidentes na declaração de impacto (i.e., "os pontos presos"). Apresenta-se em seguida às/aos pacientes a identificação de, e relação entre, eventos, pensamentos e emoções através do uso de folhas ABC. As folhas ABC ensinam as/os pacientes a desvelar a relação entre pensamentos e sentimentos, ajudando-as/os a identificar: A) um evento ativador (e.g., o trauma); B) as suas crenças sobre o evento (e.g., "os pontos presos") e C) as consequências dessas crenças (i.e., a experiência emocional). Por exemplo, uma vítima de violação pode listar "a violação" na coluna A, "eu mereci ser violada" na coluna B, e "eu sinto-me triste e culpada" na coluna C. A/O terapeuta e as/os pacientes completam uma folha ABC na sessão, sendo distribuídas folhas adicionais para trabalho de casa.

Durante a sessão 3, a/o terapeuta e as/os pacientes fazem a revisão das folhas ABC que foram preenchidas como trabalho de casa. No final da sessão, é dada às/aos pacientes a tarefa de escrever um relato detalhado do trauma, incluindo detalhes sensoriais, pensamentos e emoções. As/Os pacientes são encorajadas/os a experienciar as emoções à medida que as vão escrevendo e a ler diariamente os seus registos. Devem continuar a preencher as folhas ABC diariamente. O registo é lido à/ao terapeuta na sessão 4 e a terapia cognitiva começa com questões socráticas sobre a auto-culpabilização e outras distorções sobre o evento. Solicita-se às/aos pacientes que continuem a preencher as folhas ABC em casa, assim como a escrever um segundo relato do trauma. Este é processado uma segunda vez na sessão 5. Esta escrita pode ocorrer após a sessão 5 mas o foco da terapia muda do ensino das/os pacientes para o desafio e a mudança das suas crenças sobre o significado do evento e as implicações do trauma nas suas vidas. Num primeiro momento as/os pacientes são ensinadas/os a desafiar um único pensamento, colocando a si mesmas/os uma série de perguntas. Este questionamento é facilitado por uma segunda ficha de trabalho (Ficha de Trabalho de Perguntas Desafiadoras), que é preenchida na sessão e enviada como trabalho de casa no final da sessão 5.

Na Sessão 6, a/o terapeuta e as/os pacientes revêem as fichas das/os pacientes e a/o terapeuta ajuda-as/os a responder às perguntas que se revestiram de maior dificuldade. As/Os pacientes são então ensinadas/os a identificar padrões de cognição problemáticos que acabaram por tornar-se estilos de resposta. Esta competência é facilitada pela introdução de uma terceira ficha de trabalho (Ficha de Trabalho de Padrões de Pensamento Problemáticos) que se preenche tanto na sessão, como em casa. No início da sessão 7, as/os pacientes usam uma quarta ficha de trabalho (Ficha de Trabalho de Desafio de Crenças) que incorpora as três fichas de trabalho anteriores (i.e., folhas ABC, Ficha de Trabalho de Padrões de Pensamento Problemáticos e Ficha de Trabalho de Desafio de Crenças). Adicionalmente, a Ficha de Trabalho de Desafio de Crenças pede às/aos pacientes que gerem uma auto-declaração alternativa e mais equilibrada e que reavaliem as suas emoções com base nesta nova declaração. Da sessão 7 à 12, as/os pacientes são convidadas/os a concentrar-se num só tema em cada semana (segurança, confiança, poder/controlo, estima e intimidade) e a corrigir quaisquer crenças sobre-generalizadas relacionadas com cada tema. Na 11.ª sessão, pede-se às/aos pacientes que reescrevam as suas declarações de impacto de forma a que sejam o reflexo das suas crenças atuais, o que será usado na sessão final para avaliar os ganhos obtidos com o tratamento e para identificar as áreas nas quais desejam continuar a trabalhar.

Foi desenvolvida também uma versão modificada da TPC que não inclui um registo escrito do trauma (i.e., TPC-C). Este protocolo é composto igualmente por 12 sessões semanais de 50-60 minutos. Na ausência de registos escritos, solicita-se às/aos pacientes que preencham fichas de trabalho adicionais sobre as crenças assimiladas e sobre-acomodadas. Num estudo comparativo entre a TPC, a TPC-C e o relato escrito (RE) como condição única, os resultados indicaram que as três abordagens eram bem-sucedidas no tratamento da PSPT e de outros sintomas secundários (e.g., depressão, ansiedade, raiva, vergonha, culpa e distorções cognitivas; Resick et al, 2008b). Curiosamente, enquanto a TPC-C foi significativamente melhor do que o RE, a TPC não foi significativamente diferente da TPC-C ou do RE. Esta pesquisa sugere que a TPC-C, assim como a TPC, são opções viáveis no tratamento de PSPT e de outra sintomatologia relacionada com a violação.

Resumo e Conclusões

A violação é um evento traumático que afeta sobretudo as mulheres e pode levar a consequências devastadoras. No entanto, à medida que os conhecimentos acerca deste trauma aumentaram, a nossa capacidade para tratar os sintomas associados a este crime tem vindo a ampliar-se. Neste capítulo foram detalhados três tratamentos validados empiricamente – o TIS, a EP e a TPC – que têm demonstrado elevada eficácia no tratamento de sequelas resultantes da violação.

TERAPIAS FOCADAS NO TRAUMA COM SOBREVIVENTES DE VIOLAÇÃO

Embora o TIS, a EP e a TPC sejam bem-sucedidos no tratamento das formas mais comuns de psicopatologia que se desenvolvem subsequentemente à violação (i.e., PSPT e depressão), a escolha do tratamento a utilizar pode variar de acordo com as/os pacientes e com os objetivos da terapia. Por exemplo, enquanto o TIS parece ser um tratamento mais eficaz a curto prazo, a EP afigura-se como um tratamento mais eficaz a longo prazo (Foa et al., 1991). Além disso, enquanto a EP e a TPC são bem sucedidas no tratamento da PSPT e da depressão, a TPC parece ser uma melhor escolha com pacientes que demonstram elevados níveis de culpabilização ou desesperança (Gallagher & Resick, in press; Resick et al., 2002). As mesmas considerações podem ser feitas quando está em causa a escolha entre a TPC e a TPC-C. Embora atualmente só existam dados decorrentes de observações clínicas e não de investigação, a TPC parece ser mais apropriada quando as/os pacientes apresentam afeto embotado, uma vez que o relato escrito pode ajudar a evocar a emoção. A TPC-C pode ser mais adequada em situações em que as/os pacientes apresentam níveis elevados de afeto, se recusam a escrever um relato ou não conseguem lembrar-se do que aconteceu devido a estar sob o efeito de drogas, álcool ou inconscientes. A TPC-C também pode ser apropriada quando os indivíduos não conseguem identificar um único índice de trauma (o que tornaria a escrita do relato difícil). Isto por vezes ocorre quando o trauma sexual se caracteriza por uma série de eventos ao longo do tempo. Alguns dados indicam que a TPC pode ser a melhor escolha para os indivíduos que têm elevados níveis de dissociação enquanto a TPC-C parece ser mais eficiente para aqueles que apresentam níveis mas baixos de dissociação (Resick, Suvak, Johnides, Mitchell, & Iverson, em revisão).

Independentemente do protocolo que é usado, as/os terapeutas devem desenvolver uma avaliação adequada antes de iniciar qualquer tratamento. Os tratamentos acima descritos, particularmente a EP e a TPC, foram concebidos para ser utilizados em pacientes que sofrem de PSPT. Assim, as/os terapeutas devem avaliar a presença desta perturbação antes de implementar o tratamento. Adicionalmente, deve ser analisada a história completa dos traumas para que se possa identificar o "pior". Como discutido anteriormente, nomear a violação como tal pode ser, muitas vezes, difícil para as/os sobreviventes. Portanto, as/os terapeutas devem estar cuidadosas/os na avaliação de comportamentos, não forçando as/os sobreviventes a rotular os seus traumas sexuais como "violações". Durante a avaliação, as/os terapeutas devem adotar uma postura de não-julgamento, permitindo que as/os pacientes reflitam sobre as experiências que poderão não ter revelado antes.

A violação continua a ser uma experiência devastadora para as/os sobreviventes. No entanto, os avanços nesta área levaram ao desenvolvimento de tratamentos que podem, com sucesso, remediar algumas das consequências mais prejudiciais deste acontecimento traumático. A implementação desses tratamentos pode ajudar no alívio de sequelas resultantes de violação e apoiar as/os sobreviventes na construção de vidas saudáveis e satisfatórias.

Referências

Beck, A. T., Rush, A. J., Shaw, B. F., & Emery, G. (1979). *Cognitive therapy of depression.* New York: Guilford Press.

Bennice, J. A., & Resick, P. A. (2002). A review of treatment and outcome of post-trauma sequelae in sexual assault survivors. In J. Petrak & B. Hedge (Eds.), *The trauma of sexual assault: Treatment, prevention, and policy* (pp. 69-97). London: Johns Wiley & Sons Limited.

Cahill, S. P., Rothbaum, B. O., Resick, P. A., & Follette, V. M. (2009). Cognitive-behavioral therapy for adults. In E. B. Foa, T. M. Keane, M. J. Friedman, & J. A. Cohen (Eds.), *Effective Treatments for PTSD* (2nd ed.; pp. 139-222). New York: Guilford Press.

Chard, K. M. (2005). An evaluation of cognitive processing therapy for the treatment of posttraumatic stress disorder related to childhood sexual abuse. *Journal of Consulting and Clinical Psychology, 73,* 965-971.

Ellis, A. (1977). The basic clinical theory and rational-emotive therapy. In A. Ellis & R. Grieger (Eds.), *Handbook of rational-emotive therapy.* (pp. 3-34). New York: Springer.

Ellis, E. M., Atkeson, B. M., & Calhoun, K. S. (1981). An assessment of long-term reaction to rape. *Journal of Abnormal Psychology, 90,* 263-266.

Foa, E. B., Dancu, C. V., Hembree, E. A., Jaycox, L. H., Meadows, E. A., & Street, G. P. (1999). A comparison of exposure therapy, stress inoculation training, and their combination for reducing posttraumatic stress disorder in female assault victims. *Journal of Consulting and Clinical Psychology, 67,* 194-200.

Foa, E. B., & Kozak, M. J. (1986). Emotional processing of fear: Exposure to corrective information. *Psychological Bulletin, 99,* 20-35.

Foa, E. B., & Rothbaum, B. O. (1998). *Treating the trauma of rape: Cognitive-behavioral therapy for PTSD.* New York: Guilford Press.

Foa, E. B., Rothbaum, B., Riggs, D., & Murdock, T. (1991). Treatment of posttraumatic stress disorder in rape victims: A comparison between cognitive-behavioral procedures and counseling. *Journal of Consulting and Clinical Psychology, 59,* 715-723.

Gallagher, M. W., & Resick, P. A. (in press). Mechanisms of change in cognitive processing therapy and prolonged exposure therapy for PTSD: Preliminary evidence for the differential effects of hopelessness and habituation. *Cognitive Therapy and Research.*

Galovski, T. E., Monson, C., Bruce, S. E. & Resick, P. A. (2009). Does cognitive-behavioral therapy for PTSD improve perceived health and sleep impairment? *Journal of Traumatic Stress, 22,* 197-204.

Gradus, J. L., Qin, P., Lincoln, A. K., Miller, M., Lawler, E., Sørensen, H.T., et al. (in press). Sexual victimization and completed suicide among female adults in Denmark. *Violence Against Women.*

Gutner, C., Rizvi, S. L., Monson, C. M., & Resick, P. A. (2006). Changes in coping strategies, relationship to the perpetrator, and posttraumatic stress disorder in female crime victims. *Journal of Traumatic Stress, 19,* 813-823.

Jacobson, F. (1938). *Progressive relaxation.* Chicago: University of Chicago Press.

Janoff-Bulman, R. (1992). *Shattered assumptions: Towards a new psychology of trauma.* New York: Free Press.

Johnson, B. E., Kuck, D. L., & Schander, P. R. (1997). Rape myth acceptance and sociodemographic characteristics: A multidimensional analysis. *Sex Roles, 36,* 693-707.

Kessler, R. C., Sonnega, A., Bromet, E., Hughes, M., & Nelson, C. B. (1995). Posttraumatic stress disorder in the National Comorbidity Survey. *Archives of General Psychiatry, 52,* 1048-1060.

Kilpatrick, D. G. (1983). Rape victims: Detection, assessment and treatment. *Clinical Psychologist, 36,* 92-95.

Kilpatrick, D. G., Resnick, H. S., Ruggiero, K. J., Conoscenti, L. M., & McCauley, J. (2007). *Drug-facilitated, incapacitated, and forcible and rape: A national study. Final report submitted to the National Institute of Justice, May 2007.* Rockville, MD: National Institute of Justice.

Kilpatrick, D. G., Saunders, B. E., Veronen, L. J., Best, C. L., & Von, J. M. (1987). Criminal victimization: Lifetime prevalence, reporting to police, and psychological impact. *Crime and Delinquency, 33,* 479-489.

Kilpatrick, D. G., Veronen, L. J., & Resick, P. A. (1982). Psychological sequelae to rape: Assessment and treatment strategies. In D. M. Doleys, R. L. Meredith & A.

R. Ciminero (Eds.), *Behavioral medicine: Assessment and treatment strategies* (pp. 473-497). New York: Plenum Press.

Koss, M. P. (1985). The hidden rape victim: Personality, attitudinal, and situational characteristics. *Psychology of Women Quarterly, 9*, 193-212.

Koss, M. P., Dinero, T. E., Seibel, C. A., & Cox, S. L. (1988). Stranger and acquaintance rape: Are there differences in the victim's experience? *Psychology of Women Quarterly, 12*, 1-24.

Koss, M. P., Gidycz, C. A., & Wisniewski, N. (1987). The scope of rape: Incidence and prevalence of sexual aggression and victimization in a national sample of higher education students. *Journal of Consulting and Clinical Psychology, 55*, 162-170.

Krug, E. G., Dahlberg, L. L., Mercy, J. A., Zwi, A. B., & Lozano, R. (2002). *World report on violence and health*. Geneva: World Health Organization.

Kubany, E. S., Haynes, S. N., Abueg, F. R., Manke, F. P., Brennan, J. M., & Stahura, C. (1996). Development and validation of the Trauma-Related Guilt Inventory (TRGI). *Psychological Assessment, 8*, 428-444.

Lerner, M. J. (1965). Evaluation of performance as a function of performer's reward and attractiveness. *Journal of Personality and Social Psychology, 1*, 355-360.

Logan, T. K., Cole, J., & Capillo, A. (2007). Differential characteristics of intimate partner, acquaintance, and stranger rape survivors examined by a sexual assault nurse examiner (SANE). *Journal of Interpersonal Violence, 22*, 1066-1076.

Martin, E. K., Taft, C. T., & Resick, P. A. (2007). A review of marital rape. *Aggression and Violent Behavior, 12*, 329-347.

McCann, I. L., Sakheim, D. K., & Abrahamson, D. J. (1988). Trauma and victimization: A model of psychological adaptation. *Counseling Psychologist, 16*, 531-594.

Meichenbaum, D. (1974). *Cognitive behavior modification*. New Jersey: General Learning Press.

Mowrer, O. A. (1960). *Learning theory and behavior*. New York: Wiley.

Naugle, A. E., Resnick, H. S., Gray, M. J., & Acierno, R. (2002). Treatment for acute stress and PTSD following rape. In J. Petrak & B. Hedge (Eds.), *The trauma of sexual assault: Treatment, prevention, and practice* (pp. 135-166). London: Johns Wiley & Sons Limited.

Payne, D. L., Lonsway, K. A., & Fitzgerald, L. F. (1999). Rape myth acceptance: Exploration of its structure and its measurement using the Illinois Rape Myth Acceptance Scale. *Journal of Research in Personality, 33*, 27-68.

Resick, P. A. (1990). Victims of sexual assault. In A. J. Lurigio, W. G. Skogan & R. C. Davis (Eds.), *Victims of crime: Problems, policies, and programs* (Vol. 25). Newbury Park, California: Sage publications.

Resick, P. A. (1993). The psychological impact of rape. *Journal of Interpersonal Violence, 8*, 223-255.

Resick, P. A., Galovski, T. E., Uhlmansiek, M. O., Scher, C. D., Clum, G., & Young--Xu, Y. (2008b). A randomized clinical trial to dismantle components of cognitive processing therapy for posttraumatic stress disorder in female victims of interpersonal violence. *Journal of Consulting & Clinical Psychology, 76*, 243-258.

Resick, P. A., & Jordan, C. G. (1988). Group stress inoculation training for victims of sexual assault: A therapist manual. In P. A. Keller, & S. R., Heyman (Eds.), *Innovations in clinical practice: A source book, Vol. 7* (pp. 99-111). Sarasota, FL England: Professional Resources Exchange, Inc.

Resick, P. A., Monson, C. M., & Chard, K. M. (2008a). Cognitive processing therapy veteran/military version: Therapist's manual. Washington, DC: Department of Veterans' Affairs.

Resick, P. A., Nishith, P., & Griffin, M. G. (2003). How well does cognitive-behavioral therapy treat symptoms of complex PTSD? An examination of child sexual abuse survivors within a clinical trial. *CNS Spectrums, 8*, 340-355.

Resick, P. A., Nishith, P., Weaver, T. L., Astin, M. C., & Feuer, C. A. (2002). A comparison of cognitive processing therapy, prolonged exposure and a waiting condition for the treatment of posttraumatic stress disorder in female rape victims. *Journal of Consulting and Clinical Psychology, 70*, 867-879.

Resick, P. A., & Schnicke, M. K. (1993). *Cognitive processing therapy for rape victims: A treatment manual*. Newbury Park, CA: Sage Publications, Inc.

Resick, P. A., Suvak, M. K., Johnides, B. D., Mitchell, K. S., & Iverson, K. M. (under review). *The impact of dissociation on PTSD treatment with Cognitive Processing Therapy.*

Resick, P. A., Williams, L. F., Suvak, M. K., Monson, C. M., & Gradus, J. L. (2011). Long-term outcomes of cognitive-behavioral treatments for posttraumatic stress disorder among female rape survivors. *Journal of Consulting and Clinical Psychology.* Advance online publication.

Riggs, D. S., Cahill, S. P., & Foa, E. B. (2006). Prolonged exposure treatment of posttraumatic stress disorder. In V. M. Follette & J. I. Ruzek (Eds.), *Cognitive-behavioral therapies for trauma* (2nd ed.; pp. 65-95). New York: Guilford Press.

Rothbaum, B. O., Foa, E. B., Riggs, D. S., Murdock, T., & Walsh, W. (1992). A prospective examination of post-traumatic stress disorder in rape victims. *Journal of Traumatic Stress, 5*, 455-475.

Shipherd, J. C., Street, A. E., & Resick, P. A. (2006). Cognitive therapy for posttraumatic stress disorder. In V. M. Follette & J. I. Ruzek (Eds.), *Cognitive-behavioral therapies for trauma* (2nd ed.; pp. 96-116). New York: Guilford Press.

Steketee, G., & Foa, E. B. (1987). Rape victims: Post-traumatic stress responses and their treatment: A review of the literature. *Journal of Anxiety Disorders, 1*, 69-86.

Ullman, S. E., & Brecklin, L. R. (2002). Sexual assault history, PTSD, and mental health service seeking in a national sample of women *Journal of Community Psychology, 30*, 261-279.

Veronen, L. J., & Kilpatrick, D. G. (1983). Stress management for rape victims. In D. Meichenbaum & M. Jaremko (Eds.), *Stress Prevention and Management* (pp. 341-374). New York: Plenum.

Wolitzky-Taylor, K. B., Resnick, H. S., McCauley, J. L., Amstadter, A. B., Kilpatrick, D. G., & Ruggiero, K. J. (2011). Is reporting of rape on the rise? A comparison of women with reported versus unreported rape experiences in the National Women's Study-Replication. *Journal of Interpersonal Violence, 26*, 807-832.

Wolpe, J. (1958). *Psychotherapy by reciprocal inhibition.* Stanford: Stanford University Press.

Avaliação e intervenção psicológica no «burnout» e no «mobbing»: Reflexões sobre um caso

Santiago Gascon*, Michael P. Leiter**, João Paulo Pereira***,
Maria João Cunha***; Jesús Montero-Marín*, Soraia Soares****,
Marta Lamarão**** & João M. Pereira****
*Universidad de Zaragoza (Facultad de Ciencias Sociales y Humanas), Espanha
**Acadia University (Centre for Organizational and Development Research), Canada
***Instituto Superior de Maia e Associação Portuguesa de Psicologia da Saúde Ocu-
pacional, Portugal
****Associação Portuguesa de Psicologia da Saúde Ocupacional, Portugal

Resumo

O *burnout* pode ser motivado por uma situação extrema de stresse, na qual as estratégias de *coping* do indivíduo falharam na procura de soluções para a resolução de experiências de incongruências entre o trabalhador e o local de trabalho, dando origem à exaustão.

Leiter e Maslach (2000, 2007) desenvolveram um modelo focado em dois processos de burnout: na exaustão por sobrecarga e no conflito de valores entre a pessoa e a organização, postulando que a incongruência de valores tem implicações naquelas que consideram ser as três dimensões do burnout

INTERVENÇÃO PSICOLÓGICA E SOCIAL COM VÍTIMAS

- exaustão emocional, despersonalização e realização pessoal. Neste sentido, uma elevada exaustão emocional, acompanhada de elevados índices de despersonalização e baixos níveis de realização, são vetores preponderantes para a identificação de *burnout*, um dos problemas que mais compromete a saúde e o bem-estar dos trabalhadores.

Neste capítulo apresenta-se um roteiro de intervenção para casos de *burnout* e *mobbing*, procurando-se através da apresentação de um estudo de caso ilustrar os comprometimentos que uma situação deste tipo pode trazer para a saúde e o bem-estar dos indivíduos, as dificuldades que existem em grande parte destes casos na identificação e encaminhamento adequado realizado por especialistas em saúde ocupacional, as limitações que o vazio jurídico-legal podem impor e a imperatividade de se apostar em políticas de prevenção que devem integrar procedimentos obrigatórios de avaliação e intervenção em riscos psicossociais nos diversos contextos de trabalho. O caso que se apresenta[1] reporta-se à situação de uma mulher, diretora de recursos humanos de uma grande empresa sediada em Espanha, que apresenta todos os indicadores de *burnout*, embora numa etapa inicial do seu processo de ajuda, lhe tenha sido diagnosticado uma perturbação de humor depressivo. A presença de um vincado conflito de valores e a experiência de situações inequívocas de perseguição/assédio parecem ter potencializado uma situação de *burnout*.

Introdução

O interesse pelo estudo do *burnout* em contexto organizacional emergiu na década de 70, inspirado no trabalho de investigadores que procuraram perceber as estratégias mais eficazes de *coping* no âmbito da prevenção e intervenção (Schaufeli, Leiter & Maslach, 2009). Por definição, e apesar de ser mais complexo, a síndrome de *burnout* é uma situação de stresse crónico na qual as estratégias de *coping* que o indivíduo ativa são inadaptativas, existindo incongruências entre o trabalhador, o local de trabalho e a experiência de exaustão (Maslach, Jackson & Leiter, 1996).

Recentemente, Leiter e Maslach (2000, 2007) apresentaram um modelo focado em dois processos do *burnout*: a) na exaustão por sobrecarga e b) no

---

[1] O nome das pessoas e das organizações foram alterados e foi obtida permissão dos pacientes para a publicação deste artigo.

116

conflito de valores entre a pessoa e a organização. Das suas investigações emergiu um modelo de três fatores que inclui a energia, o envolvimento e a eficácia (Maslach & Leiter, 1997; Leiter & Maslach, 2004). Neste contexto, e tal como acontecia com a exaustão, as dimensões de "despersonalização" e "cinismo" viram expandido o seu foco de preocupações com a saúde física individual e o bem-estar emocional, considerando a capacidade para estabelecer e fomentar relações com o mundo exterior. Assim, no âmbito das três dimensões interdependentes que compõem a síndrome de *burnout*, a *ineficácia* resulta das autoavaliações dos trabalhadores, enquanto a experiência de exaustão crónica e cinismo resultam dos efeitos negativos das crenças e da perceção de capacidade de exercer influência no local de trabalho.

Os mesmos autores, e sustentados em investigação que desenvolveram, encontraram resultados que apontam para as implicações dos conflitos de valores nos três domínios desta síndrome (Maslach & Leiter, 1997; Leiter & Maslach, 2004). Neste contexto, explicitam que a sequência de acontecimentos inerentes a todo este processo implica a compreensão da forma como as pessoas iniciam um trabalho com entusiasmo e expectativas de sucesso e, ao longo do tempo, porque as circunstâncias mudam, passam a emergir sentimentos negativos face a determinadas áreas do seu trabalho (e.g., sobrecarga, justiça, valores) que entram em conflito com as suas expectativas e necessidades. Como resultado de uma má relação entre a pessoa e o trabalho, o trabalhador tende a manifestar-se exausto, frustrado, cínico e desmotivado (Leiter & Maslach, 2004, 2007).

Enquadramento teórico

Apesar do *burnout* se tratar de um fenómeno global, a forma como é perspetivado e consequentemente tratado, parece diferir de país para país. Assim, em algumas sociedades, nota-se um investimento num diagnóstico medico/psiquiátrico, enquanto noutros contextos, parece ser entendido como uma área distinta da medicina que produz um rótulo aceite socialmente, associado a um estigma mínimo aquando comparado com o diagnóstico anterior (Bakker & Demerouti, 2007).

São múltiplas as formas pelas quais os valores dos trabalhadores podem entrar em conflito com os valores da sua organização. No caso que agora se apresenta, estão evidentes alguns conflitos de valores, mas também diversos

INTERVENÇÃO PSICOLÓGICA E SOCIAL COM VÍTIMAS

comportamentos de perseguição ou *mobbing*[2], que se repercutem em novos conflitos de valores, bem como em áreas que contribuem inequivocamente para o processo de *burnout*, nomeadamente o "sentimento de comunidade" e o "sentido de equipa".

Este tipo de casos, nos quais se procura averiguar a possibilidade de existência de assédio, devem obrigar o profissional a: a) descartar a possibilidade de simulação, delírio ou a existência de transtornos que motivem a alteração da perceção da realidade e que justifiquem a queixa; b) valorizar o estado do queixoso e o possível dano, assim como a provável relação causal entre esse dano e potenciais comportamentos de perseguição. Em quaisquer circunstâncias, parte-se da noção que o *mobbing* não é uma doença, muito embora se trate de uma situação de perseguição que pode causar diversos transtornos físicos e psicológicos (e.g., depressão, ansiedade e isolamento) relacionados com o stresse e o *burnout* (Cassitto, Fattorini, Gilioli & Rengo, 2005). Contudo, sabe-se também que se trata de uma agressão intencional com o intuito de obrigar a pessoa a abandonar o seu trabalho (Leymann, 1996, a, b). As consequências psicológicas devem entender-se então como uma lesão e não como uma doença, já que o fator que a despoleta se associa ao indivíduo que a infringe propositadamente. O facto da organização ignorar o sucedido instiga à manutenção do comportamento violento no qual a vítima assume um papel indefeso.

Não obstante tudo o que já foi expresso, o *mobbing* caracteriza-se por envolver um padrão comportamental pautado por conflitos duradouros e reiterados. Deste modo os conflitos passageiros e centrados num momento concreto não devem, por si só, ser considerados na avaliação do *mobbing*. Leymann (1996, a, b) refere cinco tipos básicos de tipologias de assédio: 1) atividades de assédio para reduzir a possibilidade da vítima comunicar com os outros, interrompendo-a, gritando-lhe, atacando-a ou criticando a sua vida pessoal e, no caso do agressor se sentir ignorado, aterrorizando a vítima com chama-

---

[2] Entendido como "perseguição laboral, psicológica ou intimidação e percebido como psicoterror é uma situação em que uma pessoa (ou grupo de pessoas) exerce violência psicológica extrema, de forma sistemática e recorrente, sobre outra no local de trabalho, com o objetivo de destruir as redes de comunicação da vítima, a sua reputação, bem como perturbar o exercício do seu trabalho na expectativa que o trabalhador abandone o seu posto laboral" (Leymann, 1996, p. 168).

das telefónicas e por escrito; 2) atividades de assédio para evitar que a vítima tenha a possibilidade de manter contactos sociais, não lhe falando, não dando permissão para falar com os outros, ostracizando-a no contexto laboral, proibindo os companheiros de lhe falar e sendo-lhe negada a sua presença física em determinados contextos de trabalho; 3) atividades de perseguição dirigidas a desacreditar a vítima e prejudicar a sua reputação pessoal ou laboral, através de calúnias, rumores, ridicularização dos seus gestos, atribuindo-lhe uma alcunha depreciativa ou em alguns casos uma doença mental. É frequente, neste contexto, a vítima ser forçada a realizar um trabalho humilhante controlado através do registo de cada aspeto da sua tarefa, questionando-se as suas decisões e descrevendo a situação com recurso a termos obscenos e degradantes. Por outro lado, esta forma de assédio pode adquirir contornos de perseguição sexual, por gestos ou propostas; 4) atividades de perseguição com o intuito de reduzir a carga de trabalho da vítima e a sua utilidade, através da desacreditação das suas competências profissionais, sendo que as tarefas que lhe são confiadas são inúteis, humilhantes, ou inferiores ou muito superiores às suas capacidades, podendo existir uma elevada rotatividade; 5) atividades de perseguição que afetam a saúde física ou psíquica, incluindo a realização de trabalhos perigosos e nocivos e a exposição a ameaças e agressões físicas ou sexuais.

Em Espanha e Portugal, o *burnout* raramente é diagnosticado como uma perturbação psicológica (Leiter, Gascón & Martínez-Jarreta, 2009) já que, habitualmente, os profissionais de saúde (médicos, psiquiatras e psicólogos), face a esta problemática, tendem a diagnosticar depressão, ansiedade ou problemas resultantes da incapacidade de lidar com o stresse do trabalho de modo adaptativo (Leiter, 1992; Leiter & Harvie, 1997; Leiter & Harvie, 1998). Esta incongruência, no que concerne ao diagnóstico, resulta do desconhecimento das três dimensões inerentes ao *burnout*, mas também do menos eficaz domínio dos instrumentos, meios de diagnóstico e constructos utilizados. No âmbito jurídico, apesar de o *burnout* não ser reconhecido como uma perturbação ocupacional, vários tribunais consideram-no com um conjunto de acidentes ocorridos no local de trabalho (Martínez de Viergol, 2006). Por seu turno, a legislação espanhola (*Prevención de Riesgos Laborales* - Lei 31/1995 de 8 de novembro) e a portuguesa (Regime jurídico da promoção da segurança e saúde no trabalho – *Lei 102/2009* de 10 de setembro) referem, de forma mais ou menos explícita, o facto de as organizações deverem estar atentas aos riscos psicossociais dos trabalhadores. No entanto, em qualquer dos países referidos, verifica-se que o impacto da lei é ainda muito limitado, muito embora várias organizações a partir dela tenham delineado e implementado políticas que visam a prevenção dos fatores de risco. Estas são as organizações que encontramos designadas como *Organizações Saudáveis*, que preocupando-se com a sua rentabilidade económica e saúde organizacional, se preocupam também com o bem-estar dos seus colaboradores, dinamizando ações de prevenção e de avaliação/intervenção em riscos psicossociais.

A conduta de assédio/*mobbing* não está identificada como crime no Código Penal espanhol ou no português e as suas consequências não são reconhecidas como doença ou acidente em consequência da execução de uma tarefa de trabalho. No limite, o trabalhador deve recorrer aos tribunais para se ver reconhecido como vítima de acidente de trabalho. Este procedimento revela-se demorado e com elevado desgaste emocional para o trabalhador, sendo em geral muito baixa a sua aceitação em tribunal, por manifesta inoperância da capacidade de prova.

O *burnout* reflete-se em problemas de cariz pessoal e social que afetam os trabalhadores e as organizações. Assim, enquanto alguns trabalhadores optam por se demitir, outros vão-se mantendo na organização, embora a sua performance profissional acabe por não ir além de valores mínimos, ou seja, apresentam uma eficácia incongruente com as suas capacidades. Uma outra consequência latente nestes trabalhadores diz respeito à elevada taxa de absentismo e horas de trabalho perdidas que acaba por refletir-se na produtividade da organização, que vê o número de trabalhadores qualificados decrescer (Leiter & Maslach, 2007).

Um aspeto crítico presente na literatura referente ao *burnout* (Leiter, 1992; Maslach & Leiter, 1997; Schaufeli, Leiter & Maslach, 2009) prende-se com as relações interpessoais problemáticas entre os trabalhadores e os seus contextos, o que é frequentemente descrito como desequilibrador, uma vez que as exigências do trabalho são superiores à capacidade de adoção de estratégias de *coping* eficientes e/ou os esforços do indivíduo que não são recompensados na proporção ajustada. A psicologia não consegue ainda explicar, de forma absolutamente sustentada, as diferenças existentes ao nível do comportamento de interação entre a pessoa e o contexto. Existem contudo trabalhos que enfatizam a importância: a) da personalidade e da psicologia vocacional (Chartrand, Strong & Weitzman, 1995; Walsh, Craik & Price, 1992) e b) da congruência entre a pessoa e o ambiente para o desenvolvimento de relações interpessoais saudáveis (Kahn & Byosiere, 1992; Lauver & Kristof-Brown, 2001). Leiter e Maslach (2007) estenderam o paradigma trabalho-indivíduo a um modelo mais complexo, focado no grau de congruência experienciado entre o trabalhador e as seis áreas de vida laboral (sobrecarga, controlo, recompensas, comunidade, justiça e valores) propondo que quanto maior é a perceção de desfasamento entre o indivíduo e o seu trabalho, maior a probabilidade de manifestar *burnout*, enquanto que quanto maior é a consistência entre estes constructos, maior o *engagement* (compromisso, envolvimento) do indivíduo com o seu trabalho.

Inicialmente defendia-se que o *burnout* se tratava de uma síndrome caracterizada pela presença de altos índices de exaustão emocional, despersonalização e de redução do compromisso pessoal que tendia a desenvolver-se fundamentalmente em profissionais cuja atividade laboral implicava um intenso relacionamento com outros (Cordes & Dougherty, 1993; Maslach & Leiter, 1997). No término da década de 80, investigadores e profissionais começaram a reconhecer o *burnout* como decorrendo também fora dos serviços humanos, havendo evidências da sua existência em diversos tipos de contextos laborais e em indivíduos com as mais diversificadas funções, sendo exemplo disso alguns diretores, empreendedores e executivos (Schaufeli, Leiter & Maslach, 2009).

Roteiro de intervenção para casos de *burnout* e *mobbing*
O ponto de partida para qualquer intervenção passa sempre pela organização de uma avaliação coerente e que permita aceder à informação pertinente para o estabelecimento de linhas precisas de atuação. Nesse sentido, o processo de avaliação nos casos de *burnout* e *mobbing* reveste-se de extrema importância pois se, por um lado, implica a exploração e identificação de um problema que encerra em si mesmo sofrimento intenso, por outro, pode simultaneamente envolver a necessidade de comprovar, com recolha de elementos concretos e de forma inequívoca e juridicamente válida, que o quadro de saúde com o qual se está a trabalhar foi provocado por uma situação vivida em contexto laboral. Desta forma, e porque daqui pode resultar a diferença na fundamen-

INTERVENÇÃO PSICOLÓGICA E SOCIAL COM VÍTIMAS

tação do processo jurídico, toda a informação recolhida deve poder vir a ser organizada em relatório/parecer que possa vir a ser apresentado em tribunal, ainda que a organização do processo jurídico e a sua apresentação esteja sempre dependente da vontade do individuo.

Numa perspetiva mais prática, a exploração do caso passa pela realização de uma entrevista, na qual é essencial a abertura para a expressão de emoções e sentimentos, a construção de uma relação empática e de confiança e a (re)construção detalhada da história do problema. Este processo pode ser moroso, na medida em que, não raras vezes, o sofrimento é tão intenso que existem dificuldades na expressão das ideias e na forma como estas se organizam. O recurso a *trabalho de casa* (e.g., lista de acontecimentos vividos, emoções/sentimentos experimentados), como fator facilitador da organização do pensamento, revela-se uma técnica eficaz em muitos casos deste tipo.

Para além da entrevista, o processo de avaliação deve englobar a utilização de meios auxiliares de diagnóstico, sendo adequado neste contexto o recurso a instrumentos de medida de *burnout* e do *mobbing*, das áreas de vida laboral e da violência em contexto de trabalho. Contudo, a avaliação da personalidade, dos estados emocionais, da sintomatologia psicopatológica, e o despiste de quadros de doença física são também preponderantes. Para a avaliação destes fatores, para além das *checklists* ou entrevistas estruturadas, podem ser recolhidos dados através do/s relatório/s médico/s dos pacientes. É importante ainda averiguar se a vitima está a fazer qualquer tipo de terapêutica medicamentosa e em que dosagens e, ainda, a exploração da existência de comportamentos aditivos.

Terminado o processo de avaliação e elaborado o perfil e a história do cliente, estão reunidas as condições para se compreender se de facto estamos perante um caso de *burnout* e/ou *mobbing* e quais os fatores que precipitaram o seu desenvolvimento. Aqui, deve ser tomada a decisão quanto ao encaminhamento do caso para vias jurídicas e acompanhamento do mesmo, numa perspetiva terapêutica.

Ainda que todos os casos assumam especificidades que os tornam únicos, existem provas de que alguns protocolos de acompanhamento com finalidade terapêutica são eficazes para a generalidade dos casos de *burnout* e *mobbing*, sustentados na maioria das vezes em propostas psicoterapêuticas de índole cognitiva-comportamental (Gascón, Olmedo, Bermúdez, & García-Campayo, 2003). O roteiro de avaliação/intervenção que propomos, organizado em 12 sessões de acompanhamento individual (cf. tabela 1), não se focaliza em pressupostos terapêuticos de uma única corrente, tendo por base contributos de modelos humanistas e fenomenológico-existenciais aplicados a questões organizacionais. Recorre igualmente a algumas técnicas cognitivo-comportamentais e de *mindfulness*, redirecionando estas últimas a experiência de cada um para a experiência presente, o que pode permitir a tomada de consciência de pensamentos, sensações, emoções ou acontecimentos vividos, sem que exista uma reação automática ou habitual.

Na sequência do que foi exposto, e baseado nos modelos teóricos apresentados, este tipo de intervenção estimula a expressão de emoções, com o objetivo de criar condições para uma eficaz regulação emocional e a construção do sentido de vida no trabalho. Procura ainda desenvolver estratégias de coping ajustadas para a resolução dos problemas específicos apresentados por cada paciente, bem como competências de relacionamento interpessoais, auto-confiança e auto-estima. A organização e sequência das sessões pode ser observada na tabela 1.

Tabela 1
Estrutura, objetivos e técnicas do roteiro de avaliação/intervenção

Sessão	Objetivos	Técnicas
0	Avaliação Desenvolvimento de relação empática e de confiança, facilitadora da expressão de emoções Caracterização do problema e elaboração de diagnóstico diferencial Elaboração de perfil do cliente	Entrevista Aplicação de bateria de instrumentos[3] tendo em consideração os objetivos da avaliação e as características individuais do cliente Quando a avaliação se associa a perícia para efeitos jurídicos, deve permitir o acesso a elementos concretos e reconhecidos cientificamente fundamentados

[3] MBI (Maslach, Jackson & Leiter, 1996); Áreas de Vida no Trabalho (Leiter & Maslach, 2007); Questionário de avaliação de violência em contexto laboral (Leyman, 1996, a, b); Escala de Sentido de Vida de Trabalho (Pereira & Cunha, 2012); Escala de Stress Ocupacional (Cunha, Cooper, Moura, Reis & Fernandes, 1992); MMBI (Hathaway & McKinley, 1951); STAI-Y (Spielberger,1980); BDI; Escala de Desesperança de Beck (Beck, 1961); Brief Cope-R (Pais-Ribeiro, 2004); Checklist de sintomatologia geral; 16 PF (Cattell, 1975).

INTERVENÇÃO PSICOLÓGICA E SOCIAL COM VÍTIMAS

Sessão	Objetivos	Técnicas
1, 2, 3, 4, 5	Apresentação e discussão dos resultados[4] Desconstrução de pensamentos disfuncionais, diminuição da autoculpabilização, ruminação e vitimização Ativar estratégias de *coping* adaptativas, incluindo as de procura de apoio social Potenciação da aprendizagem de recursos para relaxamento em situações de crise Implementação de um estilo de vida saudável	Reestruração cognitiva Organização de listagem de prioridades a serem cumpridas. Dinâmica *Relógio emocional* (alinhamento de emoções vividas em contexto laboral com focalização no momento atual) Treino de relaxamento
6, 7	Partindo da identificação do perfil profissional, procurar soluções e resolução de problemas laborais Desenvolvimento de autoestima e autoeficácia Centração no aqui e agora: foco na perspetiva de crescimento pessoal	Identificação e hierarquização de problemas e de fatores protetores. Identificação de possíveis soluções Técnicas de confronto Treino de relaxamento/técnicas de *mindfulness* (descoberta de sensações corporais, estimulação da criatividade, construção do sentido)
8, 9, 10, 11	Desenvolvimento de competências de resiliência, relações interpessoais e da assertividade, auto-eficiência e autoestima e civilidade Construção do sentido de vida no trabalho Preparação para ida a tribunal	Treino de assertividade, de competências interpessoais e de confronto (através do *role play*) Identificação de fatores positivos e negativos nos diversos contextos de vida Proposta de realização de pequenas tarefas que envolvem o desenvolvimento das relações interpessoais[5] Identificação de sucessos e eficácia na resolução das tarefas propostas Treino de relaxamento/ técnicas de *mindfulness*
12	Finalização	Reforço positivo Treino de relaxamento/ técnicas de *mindfulness*

Nota: Passados 6 meses, deve-se proceder, utilizando os mesmos instrumentos, a uma avaliação da intervenção efetuada

[4] Partindo dos resultados das congruências e incongruências na vida laboral, trabalhar a regulação de emoções e sentimentos.

[5] (e.g. realizar hierarquização de importâncias atribuídas a dificuldades de relacionamento e de acordo com a mesma delinear objetivos a alcançar como: marcar encontro com amigo e com ele realizar atividade prazerosa; visitar familiar; almoçar com colega de trabalho; cumprimentar colegas à chegada e saída do trabalho).

Descrição de um estudo de caso

Sara é diretora do setor de Recursos Humanos de uma grande empresa espanhola, focada em sistemas de trânsito urbano (transportes públicos). Tem 46 anos, é casada e tem dois filhos, respetivamente com 13 e 11 anos de idade.

Foi chamada ao departamento de Saúde Ocupacional porque esteve de baixa médica como resultado de ansiedade e depressão. A maioria dos seus sintomas foi minimizada através da intervenção farmacológica que lhe foi proposta. Independentemente de toda esta intervenção, a Sara não refere ter registado melhorias, tendo esgotado já os benefícios inerentes à baixa médica (duração de 18 meses).

Embora o pedido se centrasse na avaliação dos danos, de modo a poder ser formalizada documentação para apresentar em tribunal, o estado de saúde de Sara levou a que fosse proposta uma intervenção psicológica, que a mesma aceitou de imediato. Assim, e tendo em consideração o modelo anteriormente proposto, elaborou-se todo o processo avaliativo e desenhou-se a intervenção.

Procedeu-se à avaliação médica e psicológica através de entrevistas sobre o seu estado de saúde, a sua situação laboral, entre outros aspetos relevantes, assim como a uma análise quantitativa e qualitativa dos seus sintomas, comportamentos e traços, utilizando a bateria de instrumentos proposta anteriormente.

Avaliação médica e psicológica

Na primeira entrevista, e visivelmente emocionada, Sara expôs a sua situação. De 1990 a 2007, Sara trabalhou como diretora de recursos humanos de diversas companhias sem nunca ter experienciado qualquer tipo de dificuldade no trabalho, descrevendo uma vida familiar positiva que se assumia como a principal fonte de suporte próprio. Descreve que no início de 2007 se confrontou com um processo transitório de incapacidade no trabalho associado a uma reação depressiva. Esta situação manteve-se durante 12 meses consecutivos, tendo-se verificado uma recaída nos seis meses subsequentes. Durante este período foi alvo de intervenção psicológica e psiquiátrica. Relativamente à intervenção farmacológica passou a tomar antidepressivos. Recorria regularmente aos serviços responsáveis pelo acompanhamento destes casos, onde solicitou uma reavaliação da sua condição mental, coisa que viu sempre ser-lhe negada. Numa perspetiva histórica de enquadramento da sintomatologia, Sara considera e refere que não existe história prévia de perturbações psicológicas na sua família.

Para a sessão seguinte foi-lhe solicitado que escrevesse as suas experiências em formato de crónica. Neste segundo momento da avaliação manifestou sinais de ansiedade e depressão através do choro e da incapacidade para verbalizar o seu estado atual. Posteriormente, ao longo da entrevista clínica e da administração dos questionários, manteve estes comportamentos e sintomatologia marcadamente ansiosa.

Cronologia

Em março de 2004 Sara mudou de empresa, sendo contratada para o cargo de diretora dos recursos humanos numa empresa de transportes públicos, o que lhe possibilitava trabalhar na cidade onde residia com a família.

No momento da transição para o novo trabalho, e através de informações veiculadas pelos *media*, estava ciente dos conflitos existentes na empresa onde iria desempenhar a sua atividade laboral. Porém, sentia-se motivada e confiante na sua competência para lidar com o elevado nível de conflito, vislumbrando a oportunidade de uma mudança profissional em que as suas capacidades seriam fundamentais para incrementar relações positivas e resolução de conflitos.

Esteve presente na maioria dos encontros para negociar acordos entre trabalhadores e empresa, desempenhando um papel fulcral em muitas das atividades deste interface. Independentemente desta sua perceção foi afastada destas funções, mesmo tendo em consideração a sua experiência prévia noutras organizações. Para substituí-la o diretor nomeou outra pessoa, destacando-a para assumir a posição de secretária responsável por retirar notas e impedindo-a de participar nas reuniões. Deste modo, foi privada do uso de muitas das competências que por exercício de função lhe seriam designadas, inclusive a capacidade de decisão.

Entre 2004 e 2005, a deterioração da qualidade das relações entre os trabalhadores e a empresa foi visível e amplamente acompanhada pelos meios de comunicação social. A resposta da direção às reivindicações dos trabalhadores passou por comunicados de imprensa acusando-os de adotarem uma postura intransigente e falharem o compromisso assumido no processo de negociação. Nesta fase era proibido que estes comunicados fossem entregues nos escritórios, pelo que era a própria Sara que os levava, uma situação que os trabalhadores consideraram humilhante e da qual Sara se culpava.

Em consequência de tudo o que acontecia, a relação entre Sara e o seu diretor deteriorava-se, facilitando a situação de conflito geral que já se havia instalado. Todo este ambiente negativo, em associação com um conjunto de incidentes que ocorreram (como despedir uma mulher grávida no dia de Natal), refletiram-se negativamente na sua saúde mental. A exclusão de todo o processo de tomada de decisão contribuiu largamente para o seu sentido de impotência, uma vez que não tinha informações sobre as políticas da empresa, nem autorização para tomar decisões no âmbito dos recursos humanos. As decisões relativas a despedimentos, penalizações, respostas ao sindicato ou qualquer outro procedimento inerente às suas funções na empresa, eram tomadas pelo diretor que não considerava qualquer parecer seu.

Nas comunicações internas, Sara era acusada de ser responsável pelo mau ambiente no contexto laboral e os trabalhadores remeteram-lhe cartas, ameaçando-a de ações legais contra ela.

Perante todas as incompatibilidades descritas, foi contratado um novo gestor para a empresa, que comunicou a Sara que o seu salário não seria aumentado porque não teria cumprido adequadamente todas as obrigações que a sua posição exigia. Foi-lhe dado um período de três meses em que teria de demonstrar as suas capacidades e atingir uma performance satisfatória antes de ser substituída por outra pessoa. Porém, quando tentava exercer as suas responsabilidades, confrontava-se com o impedimento de operacionalizar as suas decisões. Passados estes incidentes, relata que cada vez que o telefone tocava convencia-se de que iria ser despedida.

Refere que os níveis de stresse foram ao longo do tempo aumentando drasticamente, repercutindo-se na qualidade do seu sono que passou a ser marcado por episódios diários de insónia e por despertar precoce (às duas ou três da manhã), sendo incapaz de voltar a adormecer. Durante a noite, eram recorrentes episódios de sudorese, angústia e nervosismo que dificultavam o levantar-se na manhã seguinte. No decorrer do dia, experienciava tensão, irritabilidade e stresse, consultava sistematicamente o relógio e era incapaz de abandonar o local de trabalho, exceto no final do dia. No regresso a casa, frequentemente falava sozinha enquanto conduzia e na companhia da família mantinha-se apenas no sofá, sentindo-se impotente para fazer o que quer que fosse. Como consequência, perdeu o interesse no seu trabalho, perce-cionando-o negativamente. O seu momento predileto da semana era a sexta--feira à noite, sendo o domingo marcado por angústia, experienciando um "autêntico inferno". Contrastando com o que era seu hábito, sentia-se opri-mida, desmotivada e sem energia para iniciar novos projetos, descrevendo todas as atividades como exigindo demasiado investimento.

Em janeiro de 2005, consultou o médico do trabalho e o serviço de preven-ção de riscos. Em ambos os casos, foi-lhe sugerido que o stresse que descrevia poderia ter origem em problemas familiares, tendo-lhe sido prescrita medica-ção para combater a sintomatologia ansiosa. Posteriormente, o médico reco-mendou que recorresse a ervas medicinais e chás que a ajudassem a relaxar.

Os conflitos com a empresa exacerbaram-se, tomando proporções medi-áticas e provocando nela, sentimentos de culpa e exaustão face à situação. A família começou a preocupar-se, recomendando que consultasse outro médico ou tirasse umas pequenas férias, o que veio a suceder. Neste perí-odo, a sintomatologia decresceu significativamente: os episódios de insónia e ansiedade desapareceram e recuperou o apetite, mas quando regressou ao trabalho os sintomas voltaram a manifestar-se, o que a levou a consultar novamente o médico, que reforçou a medicação para combater a ansiedade. Durante o ano subsequente manteve a medicação recomendada, não aban-donando o trabalho, por considerar que poderia tal comportamento ser per-cebido como uma derrota.

Considerando a natureza nefasta do ambiente de trabalho, Sara tirou uma licença e conseguiu emprego numa outra empresa. Todavia, a ansiedade e a depressão manifestaram-se novamente, o que a levou a demitir-se desse novo trabalho.

Resultados da avaliação médica e psicológica

Avaliação da Personalidade
De acordo com os resultados obtidos no MMPI, Sara revelou total sinceri-dade no processo de avaliação. Os resultados encontrados, através de medi-das padronizadas e entrevistas, mostraram que ela é uma pessoa honesta, com comportamentos adequados às convenções sociais, tranquila, assertiva, tolerante e empática, muito embora estes traços de personalidade positivos

parecessem, na altura da avaliação, ter sido afetados pelas circunstâncias vividas. Sara revelou ser uma pessoa que procura preservar a autoestima, sendo independente e intuitiva. Denotou-se que, embora possuísse estratégias de *coping* adequadas para solucionar as dificuldades do quotidiano, no momento da avaliação estas não se constituíam como grande recurso. Os resultados mostraram que se encontrava num estado profundamente deprimido, evidenciando sintomas de exaustão, tristeza e desesperança. Por outro lado, sentia-se vulnerável, incapaz de se sentir eficiente na realização das tarefas laborais, o que deu lugar ao desenvolvimento de sentimentos de pessimismo e autoculpabilização. No que concerne às perspetivas futuras, verificava-se que não era capaz de delinear objetivos a curto prazo.

Na fase inicial da entrevista observou-se uma Sara que parecia estar em negação dos problemas. Gradualmente foi-se descrevendo como *infeliz*, com *baixa autoestima* e com *níveis reduzidos de motivação e energia* para tomar decisões ou resoluções adequadas relativamente às situações com que se deparava, considerando que tudo isso se repercutia no desenvolvimento de um *sentimento de inferioridade*.

Destaca-se ainda a perturbação do sono, dificuldades psicomotoras e diversos problemas de saúde associados ao stresse como dores de estômago e enxaquecas.

De uma forma global, a avaliação parece mostrar que a Sara tem um perfil de personalidade normativo. Revela um grau elevado de interesses sociais e culturais, sendo a sua posição face a manifestações de violência demasiado submissa, ainda que manifeste sobre elas desagrado. Por outro lado, Sara demonstrou ser uma pessoa enérgica, trabalhadora e com capacidade para lidar de forma adaptada com as alterações quotidianas. Não obstante os seus problemas atuais, parece revelar um elevado grau de autoconfiança e competências de resolução de problemas, que lhe permite assumir posições de responsabilidade e liderança.

A sua presente condição não pode ser atribuída a problemas no contexto familiar ou social, sendo ainda importante destacar que não consome drogas ilegais.

Em suma, os resultados do MMPI enquadram-se nos valores normativos, sendo os valores mais elevados nas subescalas de depressão, stresse e a vertente positiva da assertividade. A interpretação dos resultados permite verificar a ausência de paranoia, delírio ou outras perturbações de personalidade que toldassem a sua perceção da realidade. Todos estes resultados são corroborados pelo perfil delineado através do 16 PF-5.

Ansiedade, depressão e stresse
Considerando todos os elementos descritos, Sara foi diagnosticada com perturbação depressiva e ansiosa. No BDI, utilizado em formato de entrevista, obteve resultados elevados no domínio depressão. Apesar de argumentar que já ultrapassou a perturbação depressiva, o seu comportamento faz suspeitar que a sintomatologia subjacente à mesma continua presente. A análise dos resultados dos diferentes instrumentos salientou a presença de pensamentos suicidas e sinais de tensão e stresse, para além das dificuldades de concentração e défices de atenção.

Atualmente, não tem problemas em adormecer mas continua a não ser capaz de dormir toda a noite, e as horas insuficientes de sono refletem-se num estado de exaustão permanente, tornando o despertar num momento penoso que exige elevado esforço. As perspetivas de futuro continuam a ser limitadas e marcadas por desesperança.

A ansiedade de traço enquadrou-se nos valores normativos e moderados quanto ao estado ansioso. Tal facto poderá ser explicado pela reexperimentação dos conflitos laborais, da tensão contínua, stresse e perda de controlo.

Burnout
Os sintomas de depressão, exaustão, insónia, quebra de motivação e de concentração, bem como as circunstâncias que descreveu como inerentes ao seu problema no contexto organizacional levam-nos a suspeitar que estamos perante uma perturbação de *burnout*. Com o intuito de testar esta hipótese foram administrados os questionários MBI (Maslach, Jackson & Leiter, 1996) e o AWS (Leiter & Maslach., 2007). Os resultados mostraram valores extremamente elevados nos perfis de exaustão emocional, despersonalização e ineficácia. Apesar de o AWS não ser um instrumento de diagnóstico de *burnout*, contribui com indicadores importantes no despiste da perturbação, pois tem subjacente fatores associados a algumas das suas dimensões. Os resultados confirmaram os dados anteriores.

As áreas da vida laboral que se encontram mais comprometidas são: a) excesso da carga de trabalho (apesar de até agora ser manobrável), b) perda de controlo (a capacidade de influenciar decisões que afetam o seu trabalho e autonomia profissional em tomar decisões e resolver problemas), c) quebra dos reforços internos e dos sentimentos de justiça (respeito e civilidade), d) sentido de comunidade reduzido (incluindo questões relacionadas com conflitos, suporte e trabalho de equipa) e e) um elevado conflito de valores (naquilo que se considera comportamento ético ou conflitos entre os seus valores pessoais e os da organização).

Mobbing

Sara descreve situações em que experienciou pressão por parte das chefias e colaboradores. Com o objetivo de clarificar aquilo que entendia como perseguição e assédio utilizou-se *Leyman Inventory of Psychological Terrorization* (LIPT, Leyman, 1990) como guião para as entrevistas. Passamos a apresentar alguns dos aspetos referidos nesta avaliação e que sustentam a hipótese de ter sido sujeita a *mobbing*:

- Pressão exercida pelos superiores hierárquicos, face à execução das suas tarefas de trabalho, colocando-a em situações delicadas e exposta a conflitos permanentes, com desenvolvimento de boatos e rumores sobre as competências profissionais e pessoais;
- Estimulação acentuada, induzida pelas chefias, de incongruências entre estatuto e papel profissional, colocando em causa aquilo que se centra no descritivo funcional com o que se assume como viável para a real execução de tarefas;
- Contratação de outras pessoas para o exercício das mesmas funções, acentuando as menores competências da Sara e esvaziando-a de tarefas que seriam da sua responsabilidade;
- Imputação à Sara de comportamentos e decisões geradoras de conflitos, mas que efetivamente não foi ela quem as tomou;
- Bloqueio ao acesso de informação importante para que a Sara pudesse realizar a sua tarefa com sucesso;
- Desvalorização das iniciativas que a Sara realiza, sem que todo o processo seja acompanhado por qualquer clarificação de papéis.

Pelo exposto, verificamos que existe um claro conflito entre os valores da Sara e os da organização, o que condiciona a relação trabalhador-organização. Assim, a Sara sentia-se constrangida pelo seu trabalho, na medida em que eram frequentes as situações em que tinha de adotar uma postura questionável do ponto de vista ético ou em desacordo com os seus valores pessoais.

Outras condições médicas

Artrite Psoriática
Em 1999, Sara foi diagnosticada com uma artrite psoriática, uma doença crónica inflamatória das articulações e tendões associada à psoríase (que provoca inflamação das articulações, dor e tumefação.). Esta doença, que lhe afetou as mãos, os pés e os joelhos, foi tratada a partir de então. Em 2006, a doença piorou tendo sido necessário aumentar as quantidades de corticoides e anti-inflamatórios. Como a dor aumentou, Sara iniciou um outro tratamento que permanece até aos dias de hoje, tendo-se recorrido a um bloqueador de necrose tumoral. Análises feitas posteriormente demonstraram-se positivas confirmando a existência da doença. Perante todos estes aspetos relativos a esta sua condição de saúde Sara deveria evitar ficar de pé durante longos períodos de tempo, fazer caminhadas e evitar situações de stresse.

Diagnóstico
Podemos estabelecer um diagnóstico principal de *burnout* e um secundário de depressão e artrite psoriática.

O seu estado de exaustão, depressão, stresse e ineficácia, claramente percebidos como prejudiciais para o seu bem-estar físico e psíquico tiveram como origem a sua situação laboral: conflito de valores, fraco sentido de comunidade e justiça, baixos índices de civilidade tendo sido eliminada a hipótese de presença de perturbação de personalidade.

A verificação da associação entre os momentos mais delicados na vida laboral e a maior intensidade de sintomatologia, assim como a diminuição da presença da mesma em momentos de lazer, obedece ao critério cronológico no desenvolvimento da síndrome de *burnout* e ao critério de continuidade sintomática, porquanto se verifica uma cadeia de desenvolvimento de sintomas e danos concomitante com os acontecimentos vividos.

AVALIAÇÃO E INTERVENÇÃO PSICOLÓGICA NO BURNOUT E NO MOBBING

A análise retrospetiva não permitiu verificar a presença de sintomas de depressão e ansiedade antes dos acontecimentos identificados como precipitantes para o desenvolvimento de *burnout*. A única doença significativa diz respeito à psoríase e a consequente artrite psoriática que, apesar de assumir uma forte componente genética, manifestou-se sensível à presença de elevados índices de stresse.

Finalmente, não foi encontrada outra causa (e.g., familiar, social, estrutural) que pudesse justificar o início da sintomatologia descrita, além de que o seu perfil psicológico não mostra características (e.g., paranoia, episódios de delírio) que possam justificar o estado atual.

Os sintomas de depressão, mesmo com intervenção farmacológica, são de grande intensidade e os resultados encontrados nos questionários de *burnout* são elevados em todas as dimensões. Toda a sintomatologia apresentada parece ter sido exacerbada por comportamentos de *mobbing*, devendo-se por isso a fatores exógenos e não endógenos, com origem na vertente profissional da vida do sujeito, que não está diretamente dependente de excesso de trabalho, mas sim de fatores como o controlo, a justiça, a satisfação e o sentido de comunidade (Leiter & Maslach, 2007; Leiter, Gascón, & Martínez-Jarreta, 2009). Toda esta contradição de valores conduze à exaustão emocional que, por sua vez, leva à despersonalização e reduz a eficiência no contexto laboral, produzindo um fenómeno de profecia autorrealizável.

Quando o caso de Sara chegou ao Departamento de Saúde Ocupacional, delineou-se como objetivo realizar um relatório pericial, oferecendo assistência psicológica, médica e aconselhamento jurídico. A avaliação detalhada, descrita anteriormente, tinha como propósito a realização de um relatório em que constasse a análise do estado de saúde física e psicológica que Sara pudesse apresentar em tribunal.

A Sara teve de enfrentar três tribunais diferentes e em todas as situações as suas queixas foram indeferidas, tendo sido dada razão à empresa, ao alegar que os seus problemas físicos e psicológicos eram consequência de situações de stresse familiar e não laboral. Posteriormente candidatou-se a um novo posto de trabalho numa pequena empresa onde desenvolve atualmente as suas funções como diretora dos recursos humanos.

Discussão

Os estudos de Maslach e Leiter (1997) referem o facto do *burnout* não ser um problema individual, uma vez que tem na sua génese as características da organização.

O método frequentemente utilizado para a avaliação individual desta perturbação é o Inventário de Burnout de Maslach (Maslach, Jackson & Leiter, 1996) que facilita o diagnóstico diferencial da síndrome de *burnout* em relação a outras perturbações psicológicas, tendo como critério de diagnóstico o stresse, o cansaço, a insatisfação ocupacional, a ansiedade e/ou a depressão. A partir do questionário Áreas da Vida de Trabalho (AWS) e com base em estudos realizados em diferentes países, com profissionais de várias áreas distintas, Leiter e Maslach, em 2000, puderam compreender um pouco mais sobre o que leva excelentes profissionais a perder o seu envolvimento com o trabalho e a sua satisfação inicial, começando a manifestar sintomatologia similar à depressão e tornando-se incapazes de lidar com algumas das suas tarefas. As principais conclusões encontradas apontam para o facto de o dano poder ser resultante de dois processos diferentes. 1) Carga laboral exagerada e exigências excessivas, que levam a um estado de exaustão do profissional. Este tenta dar diferentes respostas à situação cujas estratégias falham, interferindo com a sua capacidade de recuperar energia, produzindo despersonalização (cinismo) como um mecanismo de defesa que reduz a eficácia laboral. 2) Desfasamento entre o controlo e a justiça, conflitos de natureza pessoal ou divergências entre os valores pessoais e os da organização interferem negativamente com o entusiasmo e energia, refletindo-se em despersonalização, fadiga e/ou depressão.

A avaliação de riscos realizada com a Sara mostrou-se idêntica à apresentada por centenas de trabalhadores de diferentes empresas, em diversos países (Maslach, Jackson & Leiter, 1996; Cordes & Dougherty, 1993). As investigações em causa demonstram que a existência de problemas ao nível do reconhecimento dos trabalhadores, da desvalorização que os superiores hierárquicos fazem sobre o mesmo, e o sentimento de ineficácia que associado a estes fatores se desenvolve, também são prejudiciais. Recompensa intrínseca, bem como a satisfação em fazer algo importante e bem feito, pode ser tão ou mais relevante como as recompensas extrínsecas. Aquilo que mantém o trabalhador envolvido, na maioria dos casos, é o prazer e o orgulho que a experiência de *flow*[6] quotidiano proporciona, contribuindo para o bem-estar do sujeito.

A qualidade da interação social no trabalho, incluindo questões relacionadas com conflitos, suporte e trabalho de equipa são importantes. O suporte social reafirma a pessoa como um membro do grupo com um sentido de valores, associado consistentemente com energia e eficácia e diretamente com a saúde (Gascón, Olmedo, Bermúdez & García-Campayo, 2003). Os conflitos crónicos com outros colaboradores da organização funcionam como uma variável nociva para o sentido de comunidade desejável (Martínez-Jarreta, García-Campayo & Gascón, 2004).

Por outro lado, a injustiça pode ocorrer quando o honorário e a carga de trabalho não são correspondentes, as avaliações e promoções não são conduzidas de forma correta ou quando se denota sabotagem à performance de algum trabalhador. Dado que não existem procedimentos adequados para a resolução de queixas, pode encarar-se este elemento como prejudicial e promotor de injustiça. Os trabalhadores que percebem os seus superiores como justos e responsivos estão menos suscetíveis ao *burnout* e têm maior capacidade de adaptação face às mudanças organizacionais.

Por último, importa destacar a importância que assume o processo de identificação do próprio com os valores organizacionais para o desenvolvimento das relações interpessoais no trabalho. Esta identificação leva a criar motivações e ideais que, não raras vezes, conduzem o trabalhador a querer integrar a empresa. No entanto, ao longo do tempo de serviço, as experiências vividas podem dar origem ao desenvolvimento da perceção de desconforto e mal-estar. Assim, quando o trabalho contribui para a missão organizacional, o trabalhador sente-se mais recompensado, sendo capaz de atribuir um significado mais positivo ao seu trabalho. Contudo, quando existe um conflito de valores no trabalho, este poderá danificar a qualidade de envolvimento com o mesmo, o que é particularmente visível quando as pessoas se sentem condicionadas pelo seu trabalho a ter de adotar comportamentos pouco éticos ou dissonantes do seu referencial individual de valores (como sucedeu no caso da Sara). Quando o trabalhador se sente preso a conflitos desta natureza, o stresse

---

[6] "sensação holística que as pessoas têm quando agem com total envolvimento com a sua atividade" (Csikszentmihalyi, 1975, p. 9)

tende a assumir um papel central para o desenvolvimento das três dimensões do *burnout* (desgaste emocional, despersonalização, quebra do cumprimento do trabalho) e do *engagement*. Os processos descritos podem ser encontrados independentes ou em interação. Determinadas áreas da vida organizacional são também fulcrais para o conflito de valores referido, podendo tomar-se como exemplo o decréscimo do controlo de todas as tarefas, inexistência de recompensas ou consideração, ausência do sentido de comunidade ou justiça.

Evidencia-se assim que a síndrome de *burnout* não se cinge à exaustão emocional, abrangendo outras vertentes da vida do profissional e assumindo uma maior complexidade. Bem como a exaustão, o segundo fator – envolvimento - inclui a despersonalização, redução da capacidade do trabalhador para estabelecer o interface com o mundo exterior, influindo no bem-estar psicológico e emocional. A terceira dimensão - eficácia - descreve a autoavaliação do trabalhador. A experiência de cansaço crónico e de cinismo prejudica as suas crenças acerca da sua capacidade para influenciar o seu ambiente laboral.

Importa ressalvar que *burnout* e assédio não devem ser confundidos. Contudo, certos tipos de comportamentos passíveis de ser caracterizados como *mobbing* podem ter uma influência negativa na sintomatologia, contribuindo para um conflito de valores e um decréscimo em aspetos como o respeito, justiça e educação para com os outros. Heinz Leymann, em 1996, definiu o assédio como uma

> situação em que a pessoa, ou grupo, sistematicamente e repetidamente exerce violência psicológica extrema noutros indivíduos, no local de trabalho, com o intuito de destruir a rede de comunicação da vítima, a sua reputação, perturbando a sua performance para que se demita (p.168).

Considerando as declarações de Sara, sempre que esta expressou o seu desacordo com as decisões, foi-lhe dito que "se não estava satisfeita com o seu trabalho poderia deixá-lo". Face a esta declaração, Sara viu-se obrigada a aceitar as decisões dos superiores mesmo discordando delas, realizando tarefas humilhantes, não apenas para ela, mas também para outros trabalhadores. Na situação em análise, o conflito dos valores de Sara com os da empresa e os do seu responsável emergem como fator mais determinante e desencadeador da síndrome descrita. O desenvolvimento do *burnout* pode ter sido exacerbado pelos comportamentos de *mobbing* relatados.

Por outro lado, a sua patologia de artrite Psoriática não deve ser percebida como enquadrando uma patologia ocupacional, porém, a manifestação mais intensa dos seus sintomas, em situação de stresse no trabalho, influenciou o seu estado psicológico mais debilitado.

As consequências negativas não foram apenas de índole físico ou psicológico, afetando também a sua imagem e honra, afastando qualquer oportunidade que pudesse ter de assumir uma função semelhante noutra organização.

Devemos considerar que, nas últimas décadas, produziram-se alterações profundas no mundo laboral, aquilo que alguns autores denominam de *Neomanagement*. Neste processo, parece existir uma alteração de mentalidades que impõe ao profissional a obrigação de adotar uma postura de "executor" em relação aos restantes trabalhadores. No entanto, quando assume este papel pode assumir o papel de agressor ou vítima de assédio, bastando para tal que as suas novas funções lhe levantem problemas morais para si mesmo. O problema maior neste contexto é o de que as novas politicas dos departamentos de recursos humanos não protegem os direitos do trabalhador na sua plenitude, desfasando questões legais ou mais simplistas como a escala de salários. A promoção de um clima de medo, típico do *Neomanagement*, leva por isso o trabalhador a conformar-se com os abusos, mesmo pondo em causa a sua dignidade.

Em vários momentos, Sara viu-se obrigada a assinar sanções com as quais discordava e, apesar de ser a responsável pelo departamento de recursos humanos, não tinha voz aquando dos processos de tomada de decisão. Este tipo de situação ocorre, especialmente, quando as tarefas não estão bem definidas e as informações são restritas por parte da administração.

Compõe-se um cenário complexo devido às múltiplas variáveis que interagem. Não é portanto incomum que os médicos do sistema de saúde diagnostiquem estas situações como depressão, por exemplo. O período de tempo reduzido para o atendimento dos pacientes nos centros de saúde, bem como a falta de sensibilização e informação sobre esta síndrome, conduz frequentemente a um diagnóstico errado.

Conclusão

Julgamos que o caso de Sara aqui apresentado ilustra bem a gravidade da qual se pode revestir uma situação de *burnout*, com sérias implicações na saúde e no bem-estar dos trabalhadores e na saúde e sustentabilidade das organizações.

Frequentemente, neste tipo de casos, os trabalhadores procuram o médico por queixas psicossomáticas (e.g., cansaço atribuído a outra causa, depressão), não sendo atendidos por profissionais da área ocupacional. Um médico, psiquiatra ou psicólogo ocupacional é quem está mais habilitado, pelo recurso a ferramentas específicas e a conhecimentos especializados, a avaliar o *burnout* como uma consequência nociva do trabalho. Nestas circunstâncias, o exame deve procurar confirmar a síndrome, diferenciando-a de outras possíveis perturbações (e.g., exaustão crónica, depressão).

Como já referido, em Portugal e Espanha, o *burnout* não é reconhecido na Lista de Doenças Profissionais. Contudo, as sentenças ditadas pelos tribunais tendem a reconhecê-lo como acidente laboral. Não devemos deixar de considerar a Lista de Doenças Profissionais Europeia (European Comission, 2003) que, apesar de não garantir nenhum direito em tribunal, deve ser tomada em conta. Do mesmo modo, é importante mencionar que, em Espanha como em Portugal, já existem leis que preconizam a importância da Prevenção dos Riscos Psicossociais e que determinam a obrigatoriedade das organizações implementarem avaliações destes riscos.

Quando os danos são severos, o *burnout* pode ser reconhecido em tribunal como um acidente ocupacional, envolvendo custos económicos e pessoais mas também o desenvolvimento de dificuldades na relação do sujeito com o trabalho.

Em conclusão, é evidente que a intervenção individual, embora necessária em casos graves, não é a melhor forma de atuar, sendo fundamental prevenir a emergência do *burnout* ou das condutas de assédio, numa lógica organizacional. Sublinhe-se a pertinência de dirigir os recursos e esforço para a prevenção organizacional, tal como é descrito em múltiplos estudos (e.g., Leiter, Gascón & Martínez-Jarreta, 2010). Sem a adoção desta perspetiva, é necessário responder de modo individual às pessoas que se encontram na fase mais dramática do *burnout*, como a Sara. É igualmente necessário que os países europeus estabeleçam políticas consonantes que reconheçam estes transtornos como doenças laborais.

Referências

Bakker, A. & Demerouti, E. (2007). The job demands-resources model: State of the art. *Journal of Managerial Psychology, 22*, 309-328. doi: 10.1108/02683940710733115

Beck, A. T. (1961). An Inventory for Mesuring Depression. *Archives of General Psychiatry, 4*, 53-63.

Cassitto, M. G., Fattorini, R. G., Gilioli, R. & Rengo, C. H. (2005). *Sensibilizando sobre el acoso psicológico en el trabajo*. Genebra: Organização Mundial de Saúde.

Cattell, R. B. (1975). *Cuestionario de personalidad 16 PF*. Madrid: TEA Ediciones.

Chartrand , J. M., Strong, S. R. & Weitzman, L. M. (1995). The interational perspetives in vocational psychology: Paradigms, theories, and research practices. In: W. B. Walsh & S. H. Osipow (Eds.), *Handbook of Vocational Psychology* (2nd Ed.), (pp. 35-65). Mahwah, NJ: Lawrence Erlbaum.

Cordes, C. L. & Dougherty T. W. (1993). A review and integration of research on job burnout. *Academy of Management Review, 18*, 621-656.

Csikszentmihalyi, M. (1975). *Beyond boredom and anxiety*. San Francisco: Jossey Bass.

Cunha, R., Cooper, C., Moura, M., Reis, M. & Fernandes, P. (1992). Portuguese version of the OSI: A study of Releability and Validity. *Stress Medicine, 8*, 247-251.

Diário da República (2009). *Lei 102/2009 de 10 de setembro. Regime jurídico da promoção da segurança e saúde no trabalho*. 1.ª série – N.º 176

European Comission (2003). *Commission Recommendation 2003/670/EC of 19 September 2003 concerning the European schedule of occupational diseases*. Retrieved from http://europa.eu/legislation_summaries/employment_and_social_policy/health_hygiene_safety_at_work/c11112_en.htm

Gascón, S., Olmedo, M., Bermúdez, J. & García-Campayo, J. (2003). Estrés y salud. *Cuadernos de medicina psicosomática, 66*, 9-18.

Hathaway S. & McKinley, J. (1951). *The Minnesota Multiphasic Personality Inventory-Revised*. New York: Psychological Corporation.

Kahn, R. L. & Byosiere, P. (1992). Stress in organizations. In M. D. Dunnette & L. M . Hough (Eds.), *Handbook of Industrial and Organizational Psychology* (Vol.3), (pp. 571-650). Palo Alto, CA: Consulting Psychologists Press.

Lauver, K. J. & Kristof-Brown, A. (2001). Distinguishing between employees' perceptions of person-job and person-organization fit. *Journal of Vocational Behavior, 59*, 454-470

Leiter, M. P. (1992). Burnout as a crisis in professional role structures: Measurement and conceptual issues. *Anxiety, Stress, and Coping, 5*, 79 - 93.

INTERVENÇÃO PSICOLÓGICA E SOCIAL COM VÍTIMAS

Leiter, M. P. & Harvie, P. (1997). The correspondece of supervisor and subordinate perspetives on major organizatioal change. *Anxiety, Stress, & Coping, 11,* 1-10.

Leiter, M. P. & Harvie, P. (1998). Conditions for staff acceptance of organizational change: Burnout as a mediating construct. *Anxiety, Stress, & Coping, 11,* 11-25.

Leiter, M. P. & Maslach, C. (2000). *Preventing Burnout and building engagement.* S. Fco: Jossey-Bass.

Leiter, M. P. & Maslach, C. (2004). Areas of worklife: A structured approach to organizational predictors of job burnout. In P. Perrewé & D. C. Ganster (Eds.), *Research in occupational stress and well being: Vol. 3. Emotional and physiological proces-ses and positive intervention strategies.* (pp. 91-134). Oxford, UK: JAI Press/Elsevier.

Leiter, M. P. & Maslach, C. (2007). *The Areas of Worklife Scale Manual.* Centre For Organizational Research & Development, Wolfville, NS: Canada.

Leiter, M. P., Gascón, S. & Martínez-Jarreta, B. (2009) Value Congruence,Burnout and Culture. In Alexander-Stamatios G. Antoniou, Cary L. Cooper, George P. Chrousos, Charles D. Spielberger, Michael William Eysenck (Editor). *Handbook of Managerial Behavior and Occupational Health.* pp:241-252. Edward Elgar. Massa-chusetts. US.

Leiter, M. P., Gascón, S. & Martínez-Jarreta, B. (2010). Making sense of Work Life: a structural model of burnout. *Journal of Applied Social Psychology, 40*(1), 57-75.

Ley 31/1995 de 8 de noviembre (1995). *Prevención de Riesgos Laborales.* BOE nº 269.

Leymann, H. (1990). Mobbing and psychological terror at workplaces. *Violence and Victims, 5*(2), 119-126

Leymann H. (1996a). *Mobbing. La persécution au travail.* Paris : Éd. du Seuil.

Leymann H. (1996b).The content and development of Mobbing at work. *European Journal of work and Organizational Psychology, 5*(2), 165-184.

Martínez de Viergol, A. (2006). La consideración del síndrome del burnout como constitutivo de la contingencia profesional del accidente de trabajo origen de la declaración de incapacidad permanente absoluta. *Revista del Ministerio de Trabajo y Asuntos Sociales, 59,* 213-224.

Martínez-Jarreta B., García-Campayo J. & Gascón, S. (2004). Medico-Legal impli-cations of mobbing. A false accusation of psychological harassment at the work-place. *Forensic Science International, 146,* 517-518.

Maslach, C., Jackson, S. E. & Leiter, M. P. (1996). *MBI: The Maslach Burnout Inventory* (3rd Edition)... Palo Alto, CA.: *Consulting Psychologists Press*

Maslach, C. & Leiter, M. P. (1997). *The truth about burnout.* San Francisco: Jossey Bass.

Pais-Ribeiro, J. (2004). Questões acerca do coping: A propósito do estudo de adaptação de Brief Cope. *Psicologia, Saúde & Doenças, 5* (1), 3-15.

Pereira, J. & Cunha, M. (no prelo). Construção do sentido de vida no trabalho. Estudo de validade e fidelidade de uma escala de avaliação. In J. Pereira & M. J. Cunha & A. Sousa (Eds.). *Avaliação e Intervenção em Riscos Psicossociais.* Lisboa: Climepsi.

Schaufeli, W. B., Leiter, M. P. & Maslach, C. (2009). Burnout: 35 years of research and practice. *Career Development International, 14*(3): 204-220.

Spielberger, C.D. (1980). *Test Anxiety Inventory Preliminary Professional manual.* Palo Alto CA: Consulting Psychologist Press.

Walsh, W. B., Craik, K. H. & Price, R. H. (1992). *Person-environmental psychology: Models and perspetives.* Hillsdale, NJ: Lawrence Erlbaum.

Intervenção psicológica com mulheres adultas vítimas de tráfico humano para fins de exploração sexual

Sofia Neves
Instituto Superior da Maia, Portugal

Resumo
Este capítulo procura apresentar, sistematizar e discutir boas práticas de atuação em casos de vitimação por tráfico humano para fins de exploração sexual, propondo um roteiro de avaliação e de intervenção psicológica para vítimas adultas de sexo feminino.

A complexidade do fenómeno do tráfico humano, seja para fins de exploração sexual, exploração laboral, comercialização de órgãos ou adoção exige, da parte dos/as profissionais que intervêm com as vítimas, conhecimentos específicos e competências especializadas no domínio. A especialização e a especificidade da intervenção vão potenciar a prevenção da revitimação, a minimização do risco e a promoção da autonomia, objetivos subjacentes ao restabelecimento do funcionamento adaptativo das vítimas. Nos últimos anos, fruto do aumento da visibilidade deste tipo de criminalidade, têm sido constituídos protocolos de avaliação e de intervenção psicológica que visam uniformizar procedimentos e assegurar a eficácia das estratégias e técnicas a utilizar com esta população. A partir de uma revisão desses protocolos e com base na investigação empírica produzida pela autora, sugere-se neste texto um roteiro de avaliação e de intervenção psicológica de orientação feminista centrado nas vítimas, cujos propósitos cimeiros são o do *empowerment* e o da autonomização.

Vitimação por tráfico humano para fins de exploração sexual: uma breve aproximação ao fenómeno

O tráfico de pessoas[1] para fins de exploração sexual é hoje um fenómeno mundialmente reconhecido. Sendo dinâmico, moldável e oportunista, tem vindo a alimentar-se, nas últimas décadas, e à escala global, dos conflitos e desastres humanitários (UNODC, 2008a). Os relatórios internacionais são unânimes a apontar a pobreza como o fator de risco mais proeminente para o tráfico de pessoas (Logan, Walker & Hunt, 2009).

Todas as evidências sugerem que as vítimas são sobretudo mulheres (crianças e jovens), oriundas de países com acentuadas fragilidades económicas (Santos, Gomes, Duarte & Baganha, 2007). As mulheres migrantes que procuram, com o seu projeto migratório, granjear melhores condições de vida,

---

[1] Crime tipificado no Artigo 160.º do Código Penal Português (Tráfico de pessoas):
1 - Quem oferecer, entregar, aliciar, aceitar, transportar, alojar ou acolher pessoa para fins de exploração sexual, exploração do trabalho ou extração de órgãos: a) Por meio de violência, rapto ou ameaça grave; b) Através de ardil ou manobra fraudulenta; c) Com abuso de autoridade resultante de uma relação de dependência hierárquica, económica, de trabalho ou familiar; d) Aproveitando-se de incapacidade psíquica ou de situação de especial vulnerabilidade da vítima; ou e) Mediante a obtenção do consentimento da pessoa que tem o controlo sobre a vítima é punido com pena de prisão de três a dez anos.
2 - A mesma pena é aplicada a quem, por qualquer meio, aliciar, transportar, proceder ao alojamento ou acolhimento de menor, ou o entregar, oferecer ou aceitar, para fins de exploração sexual, exploração do trabalho ou extração de órgãos.
3 - No caso previsto no número anterior, se o agente utilizar qualquer dos meios previstos nas alíneas do n.º 1 ou atuar profissionalmente ou com intenção lucrativa, é punido com pena de prisão de três a doze anos.
4 - Quem, mediante pagamento ou outra contrapartida, oferecer, entregar, solicitar ou aceitar menor, ou obtiver ou prestar consentimento na sua adoção, é punido com pena de prisão de um a cinco anos.
5 - Quem, tendo conhecimento da prática de crime previsto nos n.ºs 1 e 2, utilizar os serviços ou órgãos da vítima é punido com pena de prisão de um a cinco anos, se pena mais grave lhe não couber por força de outra disposição legal.
6 - Quem retiver, ocultar, danificar ou destruir documentos de identificação ou de viagem de pessoa vítima de crime previsto nos n.ºs 1 e 2 é punido com pena de prisão até três anos, se pena mais grave lhe não couber por força de outra disposição legal.

INTERVENÇÃO PSICOLÓGICA COM MULHERES ADULTAS VÍTIMAS DE TRÁFICO HUMANO

afastando-se das múltiplas dificuldades com que se deparam nos países de origem são, por isso mesmo, especialmente vulneráveis ao tráfico para fins de exploração sexual (Gajic-Veljanoski & Stewart, 2007; Neves, 2010a, 2010b, 2011). Assim, situações de precariedade, de pobreza e de exclusão social, agravadas pela coexistência de desigualdades de género, parecem potenciar a vulnerabilidade do sexo feminino à exploração sexual (Langevin & Belleau, 2000). Logan (2007) salienta que algumas características pessoais, associadas a condições de isolamento, podem constituir também fatores de risco para o tráfico. A inacessibilidade à educação e à informação legal, assim como a permissividade cultural à violência parecem aumentar a possibilidade do envolvimento das mulheres em situações de tráfico.

O tráfico humano para fins de exploração sexual congrega diferentes atos de natureza sexual (desde a exposição a material sexual até à prostituição forçada e violação), geralmente perspetivados pelas vítimas como altamente atentatórios da sua dignidade. A exploração sexual acontece por via da obtenção de lucro financeiro ou de outra ordem por parte de alguém sobre outrem, através da prática de atos sexuais.

Enredadas frequentemente em situações de engano e de fraude, de enorme complexidade e gravidade, as vítimas são, por norma, sujeitas a violência, coação, tortura e privação da liberdade. Por outro lado, tendem a ser confrontadas com ameaças a figuras que lhes são próximas (geralmente familiares que se mantêm nos países de origem sob a influência dos/as angariadores/as), experimentando uma ininterrupta e incapacitante sensação de medo, insegurança, controlo e vigilância (Santos, Gomes, Duarte & Baganha, 2007).

As consequências destas práticas afiguram-se devastadoras e manifestam-se especialmente ao nível da saúde mental, física, sexual, reprodutiva e social das vítimas.

Os abusos e os riscos que as vítimas de tráfico humano para fins sexuais experienciam ou testemunham transcendem o domínio sexual. Os estudos sobre o impacto psicológico da vitimação por tráfico revelam que as vítimas apresentam evidências de trauma psicológico a curto e a longo prazos. Embora estas vítimas apresentem características comuns a outros tipos de vítimas de crimes de natureza sexual, é importante salientar a sua especificidade.

As mulheres e as raparigas traficadas para fins sexuais exibem amiúde sintomas de depressão, de ansiedade, sentimentos de desesperança e de vergonha e entorpecimento emocional (Raymond & Hughes, 2001). Apresentam também comprometimentos vários ao nível dos padrões de sono e de alimentação e manifestam, habitualmente, sinais de raiva autodirigida que culmina, muitas vezes, em tentativas de suicídio (Shigekane, 2007).

As restrições sociais e legais, a exploração económica e laboral e a ausência de cuidados especializados (particularmente na área da saúde) têm repercussões significativas do ponto de vista do funcionamento mental, físico e social destas mulheres, podendo levar ao desenvolvimento de perturbações severas, como a perturbação de stresse pós-traumático (Zimmerman et al., 2003).

Algumas vítimas desenvolvem Síndrome de Estocolmo como resultado da coerção psicológica que os/as traficantes usam para encorajar a emergência de um falso sentimento de amor e de empatia (Gajic-Veljanoski & Stewart, 2007). As mulheres vítimas de tráfico para fins sexuais descrevem igualmente episódios de abuso de substâncias (drogas e medicamentos) e envolvimento em comportamentos de risco (Raymond & Hughes, 2001; Shigekane, 2007). Muitas vezes o consumo de substâncias é induzido pelos/as traficantes para facilitar o controlo e aumentar a incapacidade de resistência (WHO, 2003).

As vítimas estão mais expostas a doenças sexualmente transmissíveis do que quaisquer outras vítimas e a gravidezes indesejadas, assim como a abortos forçados (Talens & Landman, 2003). As práticas sexuais forçadas podem dar origem a severas sequelas físicas tais como dor pélvica crónica, infeções do trato urinário e infertilidade (WHO, 2003).

O período pós-vitimação acarreta para as vítimas geralmente experiências de dor crónica (especialmente cefaleias e dores lombares), fadiga, perda de memória, tonturas e problemas dentários e nutricionais. Têm sido igualmente relatadas experiências dissociativas (Zimmerman & Borland, 2009).

Do ponto de vista psicológico as vítimas sentem também dificuldades na tomada de decisão, o que as coloca numa posição de particular fragilidade, não só na fase de vitimação, mas igualmente na fase pós-vitimação, em que lhes é permitido definir o seu projeto de vida. No decurso da vitimação, as vítimas são confrontadas com barreiras externas e internas, as quais dificultam a sua libertação (Gajic-Veljanoski & Stewart, 2007). As barreiras externas têm sobretudo a ver com o controlo exercido pelos/as traficantes e com as condições hostis dos países recetores, enquanto as internas se revelam ao nível dos mecanismos psicológicos (e.g., dissonância cognitiva, desânimo

INTERVENÇÃO PSICOLÓGICA COM MULHERES ADULTAS VÍTIMAS DE TRÁFICO HUMANO

aprendido). A literatura aponta para o facto das vítimas equacionarem três formas de escapar a uma situação de tráfico humano para fins de exploração sexual (Gajic-Veljanoski & Stewart, 2007): 1) tornando-se pouco rentáveis em resultado do trauma ou de uma gravidez, 2) sendo ajudadas por clientes ou 3) morrendo. Todas elas implicam um sentimento de imprevisibilidade que pode ser muito debilitante.

A ausência ou a diminuição do suporte familiar e social contribui para o reforço das condições de isolamento e confinamento e estas, por sua vez, para o aumento da perceção de impotência. A situação agudiza-se no caso das vítimas migrantes que estão sozinhas e não dominam a língua do país de destino e se sentem desenraizadas em termos culturais. A questão da indocumentação no país de destino, associada ao desconhecimento da existência de um estatuto legal que as protege enquanto vítimas, é também sentida pelas migrantes como um forte constrangimento, impedindo-as muitas vezes de denunciar a situação. Sentem-se como estando elas mesmas a cometer um crime, o que exacerba a sua perceção de desproteção e risco (UNODC, 2008). Especialmente problemáticas são também as situações de tráfico que são confundidas com situações de prostituição (presumindo-se o consentimento das vítimas), sendo a sua sinalização mais difícil de ser realizada.

Para além de todas as consequências descritas anteriormente, as vítimas tendem a ser estigmatizadas e mal-aceites pelas suas comunidades após as experiências de tráfico, o que dificulta a sua reintegração (UNODC, 2008a). No caso das migrantes, o retorno ao país de origem pode significar o fracasso do projeto migratório e o regresso à precariedade, à pobreza e à exclusão social que as fez querer ir em busca de melhores condições de vida.

O reconhecimento destas e de outras vulnerabilidades é essencial na definição de um plano de avaliação e de intervenção psicológica que possa responder adequadamente às necessidades das vítimas de tráfico humano para fins de exploração sexual. A intervenção em crise, a abordagem cognitivo-comportamental e a terapia feminista (sobretudo a terapia feminista cultural) têm sido indicadas como perspetivas eficazes no apoio psicológico e social a vítimas de crimes sexuais e, especialmente, a vítimas de tráfico humano (WHO, 2003).

As experiências de vitimação por tráfico humano despoletam habitualmente situações de crise, em que a intervenção tem que desenvolver-se de forma célere com vista a reinstaurar o funcionamento adaptativo das vítimas em situações de emergência. A intervenção em crise incide sobre as necessidades imediatas das vítimas tais como as necessidades de alimentação, abrigo, serviços médicos, segurança, apoio legal e aconselhamento breve (APA, s/d). Sendo a crise encarada como uma oportunidade de crescimento pessoal e de autofortalecimento, este enfoque interventivo revela-se especialmente útil no caso das vítimas de tráfico (Zimmerman & Borland, 2009). A intervenção desenrola-se no sentido de 1) providenciar informação, 2) avaliar necessidades básicas, riscos, necessidades médicas e necessidades administrativas/legais, 3) desenvolver um plano de assistência e de segurança e 4) implementar o plano de assistência (APA, s/d).

A abordagem cognitivo-comportamental tem-se revelado particularmente eficaz no tratamento de quadros de stresse agudo (APA, s/d). A sua eficácia revela-se também ao nível da desconstrução de crenças disfuncionais decorrentes do trauma e, subsequentemente, no tratamento de quadros depressivos associados à vitimação sexual (Walker, 2000). A restruturação cognitiva de elementos traumáticos é um dos objetivos mais relevantes da intervenção psicológica levada a cabo com vítimas de tráfico humano, trabalhando-se sobretudo no domínio das distorções cognitivas e do pensamento automático de cariz negativo e catastrofista, procurando-se impulsionar o desenvolvimento de estruturas cognitivas funcionais e adaptativas (IOM, 2004). A literatura internacional aponta a Terapia do Processamento Cognitivo (Resick & Schnicke, 1992) como uma das mais eficazes na intervenção junto de vítimas de crimes sexuais.

A terapia feminista foca-se no restabelecimento da segurança das vítimas e na promoção do seu controlo e autonomia, procurando promover o reconhecimento das vítimas sobre o modo como as circunstâncias das suas vidas, enquadradas em sistemas de valores culturais específicos, se conectam com as experiências de vitimação (Enns, 2004). Assim, no seio da terapia feminista, utilizam-se métodos que visam a tomada de consciência sobre as condições de opressão, como a análise dos papéis de género, a análise do poder e a desmistificação (Worell & Remer, 2003). A Terapia Feminista Cultural propõe uma abordagem culturalmente informada, situando a vitimação e os seus significados nos contextos onde aquela tem lugar (Landrine, 1995).

Quer a abordagem cognitivo-comportamental, quer a terapia feminista, podem realizar-se num formato individual ou grupal, sendo que este último pode apresentar benefícios relativamente ao primeiro, sobretudo pela oportunidade que cria de troca de experiências entre as vítimas (APA, s/d).

INTERVENÇÃO PSICOLÓGICA COM MULHERES ADULTAS VÍTIMAS DE TRÁFICO HUMANO

Independentemente do modelo utilizado e do seu formato, a intervenção deve ajustar-se às necessidades concretas de cada vítima, considerando aquilo que cada vítima entende serem as suas prioridades. É fundamental ter-se em conta também a realidade cultural (regional até) em que a intervenção se vai desenvolver.

Neste capítulo será tomada como referência a realidade europeia, especialmente a portuguesa, considerando-se os avanços recentes no domínio da legislação e da proteção social. Destaque-se a importância da Lei n.º 23/2007 de 4 de julho que introduziu, entre outros aspetos, a possibilidade da vítima usufruir de um período de reflexão, durante um período de 30 a 60 dias, no decurso do qual é "assegurada à pessoa sinalizada ou identificada como vítima de tráfico de pessoas ou de ação de auxílio à imigração ilegal, que não disponha de recursos suficientes, a sua subsistência e o acesso a tratamento médico urgente e adequado" (Diário da República, 2007, p. 4311).

A par da implementação de políticas de combate ao tráfico de pessoas, Portugal tem vindo a investir consideravelmente no desenvolvimento de instrumentos que permitam sinalizar, identificar e integrar as vítimas. Saliente--se a criação no país do modelo de Sinalização-Identificação-Integração de vítimas de tráfico de seres humanos, no seio do qual se procura conjugar uma multilinguagem policial e de intervenção social (Albano & Silva, 2011). Este modelo foi criado no âmbito do projeto CAIM (Cooperação, Ação, Investigação e Mundivisão) e propõe a adoção de um paradigma de atuação focado na dimensão humana do problema, tendo os Direitos Humanos como alicerce e referente principal (Varandas & Martins, 2008; Martins, 2008).

Com a implementação do II Plano Nacional contra o Tráfico de Seres Humanos (2011-2013) o país dá sinais claros da sua preocupação no sentido do reforço dos mecanismos de apoio e assistência às vítimas.

Propõe-se de seguida um roteiro de avaliação e de intervenção psicológica para vítimas de tráfico humano para fins sexuais, adultas e de sexo feminino, baseado em boas práticas[2] nacionais e internacionais e sustentado pela investigação empírica produzida pela autora.

---

[2] Aradau, C. (2005). *Good practices in response to trafficking in human beings. Cooperation between civil society and law enforcement in Europe*. København Ø: Danish Red Cross.
Martins, J. (2008, Coord.). *Tráfico de Mulheres para fins de exploração sexual. Kit de apoio à formação para a prevenção e assistência às vítimas*. Lisboa: CIG.

INTERVENÇÃO PSICOLÓGICA E SOCIAL COM VÍTIMAS

Avaliação psicológica de mulheres adultas vítimas de tráfico humano para fins de exploração sexual

O roteiro que em seguida se propõe segue uma orientação feminista e pressupõe uma abordagem centrada nas vítimas. Parte de 2 pressupostos fundamentais:

a) A vitimação por tráfico humano para fins de exploração sexual é um fenómeno social e culturalmente determinado, sendo a vulnerabilidade das vítimas de sexo feminino largamente condicionada pelas suas pertenças identitárias (de género, étnicas, entre outras);
b) A intervenção psicológica junto de vítimas de crimes deve ter como objetivo cimeiro a promoção da segurança, a redução do risco, o *empowerment* e a capacitação para a autonomia.

O sucesso da intervenção psicológica junto de qualquer tipo de vítimas de crime depende, em larga medida, da especificidade e do rigor do processo de avaliação que a precede. A eficácia da intervenção depende também do conhecimento dos fenómenos de vitimação e do seu enquadramento sociocultural, devendo os/as profissionais ter formação especializada na matéria. Conhecer em profundidade o fenómeno do tráfico humano para fins de exploração sexual, em termos das suas características, dinâmicas e consequências, é condição de base para a implementação de um processo de avaliação e de intervenção psicológica com as vítimas.

No desenvolvimento deste roteiro de avaliação e de intervenção psicológica de mulheres adultas vítimas de tráfico humano para fins de exploração sexual tomou-se como referencial o caráter *genderizado* do fenómeno e o seu elevado potencial de perigosidade. Pela sua natureza, altamente incapacitante para as vítimas, justifica-se que na grande maioria das vezes os processos de

---

Talens· C. & Landman, C. (2003). *Good practices on (re)integration of victims of Trafficking in human beings in six European countries.* Bonded Labour in the Netherlands (BLinN), Novib/Humanitas, Change – Anti Trafficking Programme and OXFAM GB.

Zimmerman· C. &. Borland, R. (2009). *Caring for trafficked persons: guidance for health providers.* Geneva: IOM.

Zimmerman· C. & Watts, C. (2003). *WHO Ethical and Safety Recommendations for Interviewing Trafficked Women.* Geneva: World Health Organization.

UNODC (2008b). *Journey to Justice: Manual on Psychosocial Intervention.* New Delhi: UN.

avaliação e de intervenção sejam conduzidos simultaneamente (numa lógica de atuação em crise), tendo em vista a necessidade de responder eficaz e celeremente às necessidades identificadas.

A avaliação de casos de vitimação por tráfico humano deve ser levada a cabo por profissionais que estejam capazes de 1) reconhecer os sinais da vitimação, 2) providenciar assistência qualificada, direta e imediata às vítimas e 3) promover a reintegração (IOM, 2011).

Em algumas situações, o reconhecimento dos sinais de vitimação pode ser particularmente importante. Destaquem-se os casos em que as vítimas são identificadas por terceiros e resistem em assumir-se como vítimas. Zimmerman e Watts (2003) sistematizaram um conjunto de indícios que, a coexistirem, podem redundar numa suspeita de vitimação por tráfico humano: a) historial de migração local ou internacional para fins laborais, b) evidência de trauma, de danos decorrentes de abuso e/ou de lesões ou doenças associadas a condições de trabalho inadequadas ou condições de vida inapropriadas e c) presença de alguém que procura comunicar pela vítima, desconhecimento da língua do país recetor e postura de medo e desconfiança. Os/As profissionais devem dar a devida atenção a estes indícios, averiguando se configuram efetivamente uma situação de tráfico humano.

O processo de avaliação deve ser levado a cabo em ambientes seguros, respeitando os interesses das vítimas e a fase do processo de vitimação em que se encontram no momento da avaliação (e.g. vitimação em curso, período pós-vitimação, período de reflexão). A fase do processo de vitimação poderá determinar inclusivamente o tipo de intervenção a promover e a sua longevidade (e.g., em crise, a longo prazo).

Às vítimas estrangeiras que não dominam a língua portuguesa deve ser providenciado um serviço de tradução, devendo evitar-se a possibilidade da tradução ser feita por uma pessoa próxima ou por um/a familiar, já que este/a pode estar também envolvido/a na situação de tráfico e manipular a informação (Zimmerman & Watts, 2003). A par disto, devem ser usadas competências multiculturais com o intuito de respeitar as singularidades culturais das vítimas (Neves, 2007), nomeadamente em termos religiosos (Zimmerman & Watts, 2003). Em alguns casos, a presença de uma profissional de sexo feminino pode deixar as vítimas mais confortáveis.

Independentemente dos objetivos propostos e dos quesitos formulados (e.g., processo terapêutico, avaliação forense) a avaliação deve procurar o desenvolvimento de uma relação de confiança entre a vítima e o/a profissional e centrar-se particularmente nos seguintes eixos:

- Risco e segurança
- Saúde mental, física, sexual, reprodutiva e social
- Recursos e redes de suporte (pessoais, sociais, legais e comunitários)
- Reintegração

Após a apresentação do racional de avaliação, o/a profissional que a conduz deve promover um clima de confiança que tenha como efeito a redução da ansiedade e do medo que as vítimas habitualmente experienciam. A estas deve ser dada a oportunidade de poder colocar dúvidas e de efetuar questões, promovendo-se um espaço para o diálogo em torno das suas expetativas.

Clarificar os objetivos da avaliação e informar as vítimas sobre o processo de intervenção, sobre o fenómeno de que são ou foram alvo, sobre os procedimentos a adotar, sobre os direitos que lhes assistem e sobre os recursos de que dispõem é seguramente uma forma de aumentar o seu controlo sobre a situação (*empowerment*) e, em consequência, de diminuir a sua ansiedade e o seu medo. Já que muitas vezes as vítimas de crimes sexuais experimentam culpa pelo sucedido, a informação sobre o processo de vitimação pode ajudá-las a direcionar a responsabilidade para quem efetivamente a tem (Walker, 2000).

O contacto com os serviços sociais, de saúde e de justiça, assim como com as autoridades policiais, pode acentuar a vulnerabilidade das vítimas e promover a vitimação secundária, pelo que é crucial atender-se a essa possibilidade, procurando ativamente reduzi-la. Deve avaliar-se o impacto destas experiências, uma vez que vivências de hostilidade ou de insucesso nesta área podem diminuir a motivação das vítimas para solicitar ajuda e prosseguir com o processo judicial. Por outro lado, a articulação com as instâncias formais pode revestir-se, ela mesma, de riscos vários. As vítimas podem ser sujeitas a represálias por parte dos ofensores e podem mesmo ser forçadas a permanecer na situação de exploração (UNODC, 2008a). Protegê-las destas investidas é essencial no sentido da prevenção da revitimação.

INTERVENÇÃO PSICOLÓGICA COM MULHERES ADULTAS VÍTIMAS DE TRÁFICO HUMANO

A determinação do risco e dos impactos da vitimação são objetivos centrais num processo de avaliação junto de vítimas de crimes. O/A profissional deve ser capaz de aferir o risco (eventual e real) e de, em consequência, acionar os mecanismos sociais e judiciais que garantam a proteção e a segurança das vítimas. No que concerne aos impactos, devem ser analisadas as diferentes áreas de funcionamento das vítimas (e.g. pessoal, familiar, social, laboral), dando-se especial atenção à manifestação de sintomatologia clínica (física e psicológica) e ao sofrimento que lhe poderá estar associado. A vitimação por tráfico humano para fins de exploração sexual pode ser comparada a experiências de terror, tortura, rapto ou guerra (Logan, 2007). Por outro lado, como em outros crimes de natureza sexual, e como já se mencionou anteriormente, as vítimas tendem a desenvolver sintomatologia clínica a curto e a longo prazos, tal como depressão, ansiedade e disfunção sexual (Worell & Remer, 2003), pelo que é imperativo fazer-se o despiste destes quadros.

Na avaliação dos impactos há que considerar igualmente três condições que podem criar constrangimentos no decurso do processo de avaliação e intervenção: 1) existência de risco para terceiros, 2) existência de uma relação íntima entre a vítima e o/a traficante e 3) transição entre estatutos (e.g. a vítima passa a angariadora). Estas circunstâncias podem colocar as vítimas perante dilemas de lealdade, potenciando o segredo e fazendo com que equacionem desistir do processo (Zimmerman & Borland, 2009).

As vítimas devem ser encaminhadas, se tal for necessário, para serviços e especialidades que possam atenuar os impactos da vitimação. A observação médica deve ser assegurada, já que as sequelas deste tipo de vitimação tendem a ter implicações graves do ponto de vista da saúde física, sexual e reprodutiva. Os exames médicos e médico-legais devem ser conduzidos por profissionais com formação em matéria de tráfico e devem ser precedidos de consentimento informado, no âmbito do qual são explicados às vítimas todos os procedimentos da avaliação (WHO, 2003). Como estes procedimentos são, por natureza, invasivos, é necessário assegurar suporte emocional aquando da sua realização.

Às vítimas grávidas devem ser prestados os serviços de planeamento e saúde materna, garantindo-se os cuidados também aos bebés. No caso da gravidez ter resultado da vitimação por tráfico é necessário oferecer à vítima aconselhamento e apoiá-la no processo de decisão sobre a maternidade em

INTERVENÇÃO PSICOLÓGICA E SOCIAL COM VÍTIMAS

si mesma. A vivência de uma gravidez, nestas circunstâncias, pode ser extremamente traumática.

É indispensável explorar-se com as vítimas os significados construídos em torno da doença, da sintomatologia e dos procedimentos de avaliação. O modelo explicativo é uma abordagem pragmática que serve para avaliar a interpretação que as vítimas fazem do seu estado atual, evitando estereótipos culturais (Zimmerman & Watts, 2003). Algumas questões podem facilitar esta análise:

a) Como descreve o seu problema?
b) O que pensa ter causado o problema? Como foi causado o problema?
c) Porque é que acha que o problema começou?
d) Como é que o problema a afeta?
e) O que a preocupa mais? (Gravidade do problema? Duração?)
f) De que tipo de apoio ou tratamento acha que precisa? (expectativas)

As vítimas não devem ser, em nenhum momento, sobrecarregadas com dispositivos de avaliação. Contudo, sempre que se justifique, devem usar-se instrumentos estruturados que auxiliem no despiste de eventuais perturbações psicopatológicas (e.g., depressão, perturbação de stresse pós-traumático, ideação suicida) ou no esclarecimento de determinadas questões (e.g., avaliação da existência de atraso mental, despiste de abuso de substâncias). Deve privilegiar-se uma abordagem compreensiva, recorrendo preferencialmente à entrevista. A entrevista não tem como objetivo apenas recolher dados, mas fornecer apoio emocional, daí ser habitualmente apelidada de entrevista de ajuda (Martins, 2005). Esta deve ser semiestruturada, na medida em que este formato permite abordar temas não previstos inicialmente no guião, o que pode ser importante para aumentar a confiança das vítimas e enriquecer a recolha dos dados. Esta técnica permite igualmente a exploração da história de vitimação desde a sua origem até à atualidade, caracterizando-se os processos e as dinâmicas envolvidas. O relato da história de vitimação acarreta geralmente um agravamento da sintomatologia, pelo que as vítimas devem ser alertadas para esse risco. A exposição a memórias traumáticas pode ativar reações agudas sobre as quais é necessário intervir (Fitzgerald, McCart, & Kilpatrick, 2010).

De acordo com as recomendações da Organização Mundial de Saúde (Zimmerman & Watts, 2003), o processo de entrevista a vítimas de tráfico humano deve ser conduzido com base em dez premissas:

1. *Não infligir danos/proteger:* a entrevista não pode, sob nenhuma circunstância, constituir risco para as vítimas;
2. *Conhecer o assunto e avaliar os riscos:* antes da entrevista o/a profissional deve inteirar-se sobre o caso e analisar cuidadosamente os riscos envolvidos;
3. *Preparar informação relevante:* antes da entrevista o/a profissional deve preparar-se para providenciar informação à vítima sobre aspetos sociais e legais na sua língua nativa;
4. *Selecionar e preparar adequadamente intérpretes e colaboradores/as:* o/a profissional deve ponderar as vantagens e as desvantagens associadas à contratação de intérpretes e colaboradores/as e desenvolver métodos apropriados de avaliação e análise dos casos;
5. *Assegurar o anonimato e a confidencialidade:* a identidade da vítima deve ser preservada e deve ser garantida a confidencialidade:
6. *Obter consentimento informado:* o/a profissional deve certificar-se de que a vítima compreende os objetivos da entrevista e aceita participar voluntariamente do processo;
7. *Ouvir e respeitar a avaliação que cada vítima faz da sua situação individual e dos riscos que corre:* o/a profissional deve respeitar a leitura que cada vítima apresenta da sua situação específica (mesmo que esta seja contrária à sua);
8. *Não revitimar:* o/a profissional não deve colocar intencionalmente questões que incitem a reações emocionais agudas. No caso destas reações emergirem deve estar preparado/a para lhes responder, minimizando o sofrimento das vítimas;
9. *Preparar intervenção de emergência:* o/a profissional deve estar preparado/a para agir numa situação de crise;
10. *Coligir informação importante:* a informação deve ser usada com vista a beneficiar a vítima e a desenvolver boas práticas de intervenção sobre situações futuras.

INTERVENÇÃO PSICOLÓGICA E SOCIAL COM VÍTIMAS

Na entrevista de ajuda devem ser identificados os fatores de risco para a (re)vitimação (e.g. precariedade social), assim como os fatores protetores. As potencialidades das vítimas devem ser igualmente objeto de avaliação. Mais do que a identificação dos défices é fundamental a rentabilização/otimização dos recursos de que as vítimas dispõem.

Para além do reconhecimento e da caracterização das áreas-problema, a avaliação deve centrar-se no reconhecimento e (re)ativação das fontes de suporte social, familiar e comunitário. Esta dimensão é especialmente sensível quando as vítimas são estrangeiras e se encontram sozinhas no país de destino. A ausência de suporte pode comprometer o processo de intervenção psicológica, pelo que é imprescindível ativá-lo. Neste caso, o suporte comunitário pode ser uma estratégia de integração a implementar, especialmente se as vítimas decidem permanecer no país recetor. O restabelecimento do contacto com a família no país de origem deve ser feito com prudência, já que muitas vezes esta é controlada pelos/as angariadores/as. Quando as vítimas estão inseridas em programas de proteção de testemunhas e/ou em casas abrigo, deve ser avaliado o impacto destas condições no seu funcionamento global (viver no anonimato pode ser altamente ansiogénico).

Em situações em que as vítimas têm as suas famílias no país recetor (sobretudo filhos/as dependentes e companheiros/as) deve analisar-se o risco (sobretudo quando os/as traficantes são os/as companheiros/as) e a qualidade das relações estabelecidas estimulando, quando há condições para isso, a proximidade afetiva. É necessário também aferir o impacto da vitimação a nível familiar e conjugal. Quando há risco, de qualquer natureza, para as crianças, devem ser ativados mecanismos de proteção, se possível em articulação com a escola. Os/as filhos/as das vítimas podem também ter necessidades do ponto de vista psicológico, físico e social, pelo que lhes deve ser oferecido acompanhamento especializado.

Dado que muitas vezes as vítimas são sujeitas à privação das suas necessidades básicas, deve dar-se especial atenção a este aspeto. As questões da habitação, assim como dos meios de subsistência que garantam, por exemplo, uma alimentação equilibrada, devem ser avaliadas. Prestar assistência ao nível dos cuidados básicos é, muitas vezes, uma prioridade nestes casos.

Quando necessário as vítimas devem ser orientadas no sentido da procura de emprego ou do incremento das suas qualificações académicas e/ou profissionais. No seio do apoio psicológico, as vítimas devem poder beneficiar de um processo de orientação escolar, vocacional ou profissional e ser apoiadas na formulação de um projeto de vida.

A avaliação psicológica deve incidir igualmente sobre a dimensão de género e a sua relação com a vitimação (Worell & Remer, 2003). Analisar a localização social das vítimas e o significado dessa pertença é fundamental para a promoção da mudança e para o *empowerment*. As normas culturais, a idade, a educação e as histórias pessoais influenciam o modo como as vítimas expressam as suas reações aos eventos traumáticos (Zimmerman & Watts, 2003). A análise de estereótipos de género pode favorecer a desconstrução de mitos e crenças erróneas e aumentar a consciência face aos direitos.

Muito embora o foco da avaliação seja o historial de vitimação por tráfico, deve analisar-se a exposição a outras formas de vitimação. Histórias prévias de violência ou de abuso podem intensificar os sentimentos de vulnerabilidade. Deve igualmente proceder-se, sempre que possível, a uma anamnese, por forma a recolher-se elementos relativos ao percurso desenvolvimental das vítimas. As áreas familiar, social, escolar/profissional e médica devem ser caracterizadas com o objetivo de serem definidos outros objetivos de intervenção a médio ou a longo prazo. Apresenta-se na tabela seguinte uma súmula dos objetivos da avaliação psicológica com estas vítimas:

Tabela 1

Objetivos da avaliação psicológica com mulheres adultas vítimas de tráfico humano para fins de exploração sexual

Informar/Esclarecer	Processo de avaliação e de intervenção, fenómeno de vitimação, procedimentos e recursos
Determinar o risco/Proteger	Risco real e eventual/Ativação de mecanismos de segurança
Caracterizar historial de vitimação	Vitimação por tráfico humano e outros tipos de vitimação
Aferir os impactos	Diferentes áreas do funcionamento (e.g. pessoal, familiar, social)
Determinar necessidades ao nível do encaminhamento	Serviços e especialidades
Determinar necessidades ao nível das redes de suporte	Familiar, social e comunitária
Determinar necessidades básicas	Habitação, alimentação, meios de subsistência
Determinar necessidades ao nível da orientação	Percurso escolar, vocacional e/ou profissional; Projeto de vida
Determinar necessidades ao nível da consciencialização	Pertença social/Direitos

Intervenção psicológica de mulheres adultas vítimas de tráfico humano para fins de exploração sexual

As necessidades das vítimas de tráfico humano para fins de exploração sexual constituem grandes desafios para os/as profissionais que com elas desenvolvem planos de intervenção psicológica. Os desafios colocam-se sobretudo ao nível 1) da diversidade das necessidades, 2) da segurança e 3) das especificidades culturais (Zimmerman, 2003).

Perante um caso de vitimação por tráfico humano para fins de exploração sexual é imperativo considerar-se as suas singularidades, tratando-se cada caso como único. A dimensão cultural e *genderizada* do fenómeno torna-o especialmente complexo, pelo que há que ter em conta a multiplicidades de fatores que determinam a sua emergência e manutenção: idade, orientação sexual, nacionalidade, estado civil, estatuto socioeconómico e ocupação das vítimas, só para citar alguns exemplos. A intervenção deve ser ajustada a cada vítima, respeitando as suas características sociodemográficas, as suas necessidades e os seus interesses. As prioridades da intervenção devem ser definidas pela vítima, sendo o/a profissional que a acompanha um/a facilitador/a do processo.

São indicadas, em seguida, algumas questões que devem orientar os/as profissionais no decurso de um processo de intervenção individual (que como já se mencionou decorre, por vezes, em simultâneo com a avaliação).

Desde o início do processo os sentimentos expressos pelas vítimas, usualmente de medo e de raiva, devem ser validados e legitimados, criando-se intencionalmente espaços reservados à ventilação emocional. As vítimas devem poder falar livremente sobre os seus sentimentos, expressando abertamente as suas dúvidas e preocupações e devem ter a oportunidade de saber se as suas expectativas sobre o processo de intervenção serão ou não logradas. O racional da intervenção deve ser partilhado com as vítimas para que elas saibam como se vai desenrolar o processo e quais os objetivos implicados.

Deve ser, o mais cedo possível, desconstruída a eventual culpa e trabalhadas as crenças irracionais sobre a responsabilidade no processo de vitimação. A assunção da responsabilidade pelas vítimas é, muitas vezes, um entrave ao sucesso terapêutico (e da intervenção em geral).

Na generalidade, os objetivos da intervenção psicológica com mulheres adultas vítimas de tráfico humano para fins de exploração sexual são os indicados na Tabela 2:

Tabela 2
Objetivos da intervenção psicológica com mulheres adultas vítimas de tráfico humano para fins de exploração sexual

Cessação/minimização do risco
Prevenção de revitimação
Reposição da segurança e do controlo
Redução imediata dos efeitos da vitimação
Alívio da sintomatologia física e psicológica
Mobilização de recursos individuais, familiares, comunitários e sociais necessários ao restabelecimento do funcionamento global
Apoio na tomada de decisão e na definição do projeto de vida
Normalização das rotinas adaptativas

INTERVENÇÃO PSICOLÓGICA E SOCIAL COM VÍTIMAS

Os planos de intervenção deverão incidir sobre as áreas prioritárias identificadas durante a fase da avaliação, sendo as questões do risco e da segurança forçosamente prioritárias. A constituição de planos de segurança dever ser feita em parceria com as vítimas, desde a fase da avaliação, garantindo que elas são capazes de identificar os riscos que correm e selecionar as estratégias adequadas para lhes fazer face. As vítimas devem reconhecer o seu direito a não serem revitimadas, aprendendo a identificar o risco e a usar mecanismos de apoio (UNODC, 2008b). O estabelecimento de planos de segurança é, nestes casos, de extrema relevância, já que as vítimas têm a oportunidade de antecipar estratégias de autoproteção.

Tendo em conta as consequências do processo de vitimação, as vítimas devem, na generalidade, usufruir de apoio psicológico, social, médico e jurídico. Devido à exploração e ao trauma as vítimas apresentam, na grande maioria das situações, necessidades específicas que requerem uma atuação nos domínios da saúde mental, aconselhamento e representação legal (Okech, Morreau & Benson, 2011).

O apoio jurídico é crucial no aumento da confiança e do controlo das vítimas, já que as esclarece sobre os seus direitos e as orienta para a ação. Os/As profissionais da área do Direito, juntamente com os/as profissionais da área da Psicologia, do Serviço Social e da Criminologia, podem ter um papel preponderante na orientação das vítimas de tráfico. Sendo a linguagem jurídica pouco acessível ao/à cidadão/ã comum, a intervenção de um/a profissional da área do Direito pode ajudar as vítimas a descodificar a lei vigente em matéria de tráfico humano e a potenciar o seu uso com vista à reposição de direitos. A preparação para as audiências em Tribunal e para o testemunho é uma vertente elementar do processo de apoio, reduzindo a ansiedade das vítimas face ao desconhecido (e muitas vezes temível). O facto das vítimas serem bem representadas, do ponto de vista jurídico, pode ter um efeito muito positivo em termos de reabilitação psicológica (IOM, 2011).

A intervenção psicológica, a par da social, foca-se habitualmente nas seguintes áreas: saúde, habitação, educação, orientação vocacional e emprego (Talens & Landman, 2003).

No que concerne à saúde física, as vítimas devem ser objeto de uma intervenção especializada que incida sobre a(s) doença(s) e o sofrimento associado.

Em alguns casos, a prescrição de medicação pode ser útil no alívio da sintomatologia e da dor.

O apoio psicológico deve centrar-se, por um lado, na redução da sintomatologia clínica e, por outro, na promoção/reforço de competências. A psicoterapia tem-se revelado muito profícua em casos de vitimação sexual (Walker, 2000), operando nestes dois domínios (remediativo e desenvolvimental), e é aconselhada sobretudo no tratamento da perturbação de stresse pós-traumático (APA, s/d). Espera-se que, com um plano interventivo estruturado e a longo prazo, as vítimas potenciem o seu bem-estar psicológico e desenvolvam competências de autonomização, competências de tomada de decisão e competências de (re)formulação do seu projeto de vida. Se num primeiro momento a intervenção psicológica deverá ir no sentido da remediação dos problemas, numa fase mais avançada do processo a intervenção deverá ter um cariz desenvolvimental e psicoeducativo. No que toca ao projeto de vida, as vítimas devem ser ajudadas na identificação dos riscos e das potencialidades do retorno ao país de origem, assim como da permanência no país recetor, no caso de serem migrantes. As vítimas devem ser igualmente apoiadas no que concerne ao restabelecimento das suas redes de apoio (social, comunitária e familiar). Sempre que possível, o contacto com a família deve ser reativado ou fortalecido.

Em termos da intervenção psicológica são especialmente relevantes as questões da autoestima e da imagem corporal, áreas habitualmente afetadas em processos de vitimação sexual (Walker, 2000). O domínio da sexualidade deverá ser objeto de especial atenção, já que frequentemente as vítimas de crimes sexuais exibem dificuldades na vivência da sua sexualidade após experiências traumáticas (Martins, Machado & Neves, 2011).

As necessidades básicas (e.g. habitação, alimentação) são aquelas que devem merecer, desde logo, especial atenção por parte dos/as profissionais. Quando há constrangimentos relativos à capacidade de sobrevivência (pessoal e familiar), as vítimas devem ser ajudadas na procura ativa de condições que garantam a satisfação das suas necessidades básicas. Em algumas circunstâncias as vítimas poderão ter que ser acolhidas provisoriamente em instituições, por forma a poderem fortalecer-se. Estas instituições devem ter condições para acolher não só as vítimas, mas também os/as seus/suas filhos/as. A ativação destas respostas muitas vezes é entendida como mais uma forma de confinamento e privação de liberdade, pelo que é importante promover a efetiva integração das vítimas nestas estruturas de segurança. A transição para estes sistemas de proteção deve ser trabalhada, assim como a gestão das rotinas institucionais e familiares.

Depois de garantida a segurança e a satisfação das necessidades básicas, as vítimas devem ser orientadas na procura de emprego ou no aumento das qualificações escolares e profissionais. A orientação vocacional é um processo importante no sentido da reintegração, na medida em que aumenta a consciência das vítimas sobre as suas potencialidades, aumentando os seus níveis de confiança e as suas aptidões em termos de tomada de decisão (IOM, 2011).

A intervenção junto das vítimas de tráfico humano para fins de exploração sexual deve ser sustentada por um trabalho inter e transdisciplinar. Os/As profissionais devem evitar que as vítimas sejam dissuadidas da sua decisão de procurar ajuda ou de se autonomizar pela burocratização dos sistemas, facilitando o seu acesso aos serviços. Quanto mais detalhada e personalizada for a informação prestada às vítimas, mais simples será a utilização dos recursos disponíveis.

Em última análise a intervenção psicológica tem em vista a superação da dependência económica e psicológica destas mulheres, bem como o seu *empowerment* e a sua reintegração (Albanian Institute of Social and Psychological Studies, 2005). Nesse sentido, as vítimas devem ser estimuladas a refletir sobre a sua localização social e as implicações das suas pertenças identitárias. As questões de género devem, por isso mesmo, ser sujeitas a escrutínio, através da adoção de estratégias de desconstrução de estereótipos e desafio de crenças promotoras da desigualdade (Neves & Nogueira, 2004).

Em suma, a intervenção psicológica junto de vítimas de tráfico humano para fins de exploração sexual deve orientar-se para a promoção de estratégias de resolução de problemas, para a (re)ativação de mecanismos de *coping* adaptativos e para a rentabilização dos recursos internos e externos, com o intuito de restaurar a estabilidade física e psicológica, a segurança e o controlo (IOM, 2011).

Muito embora a intervenção seja, numa fase inicial, geralmente centrada na crise, as vítimas devem poder beneficiar, sempre que possível, de um processo de apoio psicológico a médio e a longo prazos. As vítimas devem poder reenquadrar cognitiva e emocionalmente as experiências de vitimação (atuais e prévias), integrando-as na sua história de vida. Este processo exige tempo e maturação, pelo que a intervenção deve ser, quando possível, continuada no tempo (Albanian Institute of Social and Psychological Studies, 2005).

Reflexões finais

O tráfico humano para fins de exploração sexual é um tipo de vitimação que se reveste de características muito peculiares, as quais constituem um desafio permanente para os/as profissionais que com ele lidam. Trata-se de um fenómeno oportunista, altamente complexo e de gravidade acentuada que atinge especialmente o sexo feminino, por norma aquele que está mais exposto à desigualdade social e à pobreza e, consequentemente, mais vulnerável à exploração e à violência.

As dinâmicas deste tipo de crime, pela sua especificidade, provocam efeitos devastadores do ponto de vista da saúde mental, física, sexual, reprodutiva e social das vítimas, sobre os quais é necessário intervir de forma especializada.

O desenvolvimento de um processo de avaliação e de intervenção psicológica junto de vítimas de tráfico humano para fins de exploração sexual exige formação qualificada, sob pena de serem reforçadas as fragilidades que decorrem da vitimação.

Embora não existam em Portugal estudos sobre a eficácia dos processos de intervenção psicológica com estas vítimas, dado que o interesse pelo fenómeno é ainda recente, a literatura internacional sugere a utilização de modelos que congreguem uma orientação remediativa com uma orientação desenvolvimental. A par desta dupla orientação (que terá que ser operacionalizada numa lógica de complementaridade) é fundamental o enquadramento cultural do fenómeno, através da utilização de competências multiculturais.

Independentemente do modelo adotado, o *empowerment* e a autonomização das vítimas, a par da redução do seu sofrimento clínico e social, devem ser objetivos cimeiros de qualquer processo de intervenção levado a cabo com esta população. A capacitação para a mudança e a tomada de consciência face aos direitos poderão funcionar como fatores preventivos da revitimação, pelo que a intervenção deve ser norteada no sentido do aprimoramento destas competências.

Este capítulo apresenta uma proposta de um roteiro de avaliação e de intervenção psicológica com vítimas de tráfico para fins de exploração sexual, a qual procura compilar informação sobre boas práticas de atuação de profissionais das áreas social e da saúde, da Psicologia e do Direito. Esta proposta incorpora também questões que decorrem das evidências encontradas no âmbito da investigação científica que a autora tem produzido sobre o fenómeno, especialmente no que respeita às necessidades das vítimas em termos de intervenção. Como proposta que é, este roteiro terá que ser afinado pela prática e adaptado aos diferentes casos de vitimação por tráfico humano.

Referências

Albanian Institute of Social and Psychological Studies (2005). *Skills in the practice work with victims of trafficking*. United States Agency for International Development and the United States Department.

Albano, M., & Silva, C. (2011). Tráfico de Seres Humanos em Portugal: Percurso histórico e paradigmas de intervenção. In A. Sani (Coord.) *Temas da Vitimologia: Realidades Emergentes na Vitimação e Respostas Sociais.* (pp. 201-212). Coimbra: Almedina.

APA (s/d). *Report on Trafficking of Women and Girls.* Washington, DC: American Psychological Association, Division 35: Special Committee on Violence Against Women.

Aradau, C. (2005). *Good practices in response to trafficking in human beings. Cooperation between civil society and law enforcement in Europe.* København Ø: Danish Red Cross.

Código Penal e Legislação Complementar (2011). Lisboa: Quid Juris.

Diário da República, 1.a série, N.º 127— 4 de julho de 2007.

Enns, C. (2004). *Feminist Theories and Feminist Psychotherapies. Origins, themes and diversity.* New York: The Haworth Press.

Fitzgerald, M., McCart, M., & Kilpatrick, D. (2010). Psychological-behavioral treatment with victims of interpersonal violence. In P. M. Kleespies (Ed.) *Behavioral emergencies: An evidence-based resource for evaluating and managing risk of suicide, violence, and victimization* (pp. 377-401). Washington, DC: American Psychological Association.

Gajic-Veljanoski, O., & Stewart, D. (2007). Women Trafficked Into Prostitution: Determinants, Human Rights and Health. *Transcultural Psychiatry,* 44(3), 338-358. doi: 10.1177/1363461507081635

IOM (2004). *Psychosocial Support to Groups of Victims of Human Trafficking in Transit Situations.* Geneva: IOM.

INTERVENÇÃO PSICOLÓGICA COM MULHERES ADULTAS VÍTIMAS DE TRÁFICO HUMANO

IOM (2011). *Guidelines for Assisting Victims of Human Trafficking in the East Africa Region.* Geneva: International Organization for Migration.

Landrine, H. (1995). *Bringing cultural diversity to feminist psychology: Theory, reaearch, and practice.* Washington, DC: American Psychological Association.

Langevin, L. & Belleau, M. (2000). *Trafficking in Women in Canada: A Critical Analysis of the Legal Framework Governing Immigrant Live-in Caregivers and Mail-Order Brides.* Ontario: Status of Women Canada.

Logan, T. K. (2007). *Human trafficking in Kentucky.* Lexington: University of Kentucky. Retrieved from http://www.cdar.uky.edu/CoerciveControl/docs/Human%20 Trafficking%20in%20Kentucky.pdf

Logan, T. K., Walker, R., & Hunt, G. (2009). Understanding Human Trafficking in the United States Understanding Human Trafficking in the United States. *Trauma, Violence and Abuse, 10*(1), 3-30. doi:10.1177/1524838008327262

Martins, S., Machado, C., & Neves, S. (2011). Avaliação psicológica de vítimas de violência sexual. In M. Matos, R. A. Gonçalves & C. Machado (Coord.). *Manual de Psicologia Forense: Contextos, práticas e desafios.* (pp. 203-222). Braga: Psiquilíbrios.

Martins, J. (2008, Coord.). *Tráfico de Mulheres para fins de exploração sexual. Kit de apoio à formação para a prevenção e assistência às vítimas.* Lisboa: CIG.

Neves, S. (2007). Psicologia, Diversidade Social e Multiculturalidade: Caminhos cruzados. *Psychologica.* 45, 125-145.

Neves, S. (2010a). Tráfico de mulheres brasileiras para fins de exploração sexual em Portugal e Interseccionalidade: Um estudo de caso. *Psicologia, 2*(XXIV), 177-196.

Neves, S. (2010b). Sonhos traficados (escravaturas modernas?): Tráfico de mulheres para fins de exploração sexual em Portugal. In S. Neves & M. Fávero (Coord.). *Vitimologia: Ciência e Ativismo.* (pp. 195-226). Coimbra: Almedina.

Neves, S. (2011). Women trafficking for sexual exploitation in Portugal: Life narratives. *International Journal of Humanities and Social Science, 1*(17), 186-192.

Neves, S. & Nogueira, C. (2004). Terapias Feministas, Intervenção Psicológica e Violências na Intimidade: Uma leitura feminista crítica. *Psychologica, 36,* 15-32.

Raymond, J. & Huhes, D. (2001). *Sex trafficking of women in the United States. International and Domestic Trends.* Coalition Against Trafficking in Women. Retrieved from http://action.web.ca/home/catw/attach/sex_traff_us.pdf

Resick, P. A. & Schnicke, M. K. (1992). Cognitive processing therapy for sexual assault victims. *Journal of Consulting and Clinical Psychology, 60*(5), 748–756.

Santos, B., Gomes, C., Duarte, M. & Baganha, M. I. (2007). *Tráfico de Mulheres em Portugal para fins de Exploração Sexual*. Portugal. Projeto CAIM.

Shigekane, R. (2007). Rehabilitation and Community Integration of Trafficking Survivors in the United States. *Human Rights Quarterly, 29*, 112–136.

Okech, D., Morreau, W., & Benson, C. (2011). Human trafficking: Improving victim identification and service provision. *International Social Work, 1-16*. doi: 10.1177/0020872811425805

Talens, C. & Landman, C. (2003). *Good practices on (re)integration of victims of Trafficking in human beings in six European countries*. Bonded Labour in the Netherlands (BLinN), Novib/Humanitas, Change – Anti Trafficking Programme and OXFAM GB.

UNODC (2008a). *Human Trafficking: An Overview*. New York: UN.

UNODC (2008b). *Journey to Justice: Manual on Psychosocial Intervention*. New Delhi: UN.

Varandas, I. & Martins, J. (2008, Coord.). *Sinalização, identificação e integração de mulheres vítimas de tráfico para fins de exploração sexual. Construção de um guião*. Lisboa: CIG.

Walker, L. (2000). *Abused women and survivor therapy – A pratical guide for the psychotherapist* (3th edition). Washington, DC: American Psychological Association.

WHO (2003). *Guidelines for medico-legal care for victims of sexual violence*. Geneva: World Health Organization.

Worrel, J., & Remer, P. (2003). *Feminist perspectives in Therapy: Empowering diverse women*. New Jersey: John Wiley & Sons.

Zimmerman, C. &. Borland, R. (2009). *Caring for trafficked persons: guidance for health providers*. Geneva: IOM.

Zimmerman, C., Yun, K., Shvab, I., Watts, C., Trappolin, L., Treppete, M., Bimbi, F., Adams, B., Jiraporn, S., Beci, L., Albrecht, M., Bindel, J., & Regan, L. (2003). *The health risks and consequences of trafficking in women and adolescents. Findings from a European study*. London: London School of Hygiene & Tropical Medicine (LSHTM).

Zimmerman, C. & Watts, C. (2003). *WHO Ethical and Safety Recommendations for Interviewing Trafficked Women*. Geneva: World Health Organization.

Violências íntimas multimarginalizadas: Pensar e agir contra a normatividade

Nuno Santos Carneiro
Centro de Psicologia da Universidade do Porto, Portugal

Resumo
Recorrendo a uma análise multidimensional das violências íntimas, este capítulo propõe-se revisitar conceitos e abordagens teóricas, situando-as numa lógica crítica que se debruça sobre as violências estruturais, ideológicas e estratégicas onde as violências íntimas mais amplamente se inscrevem. Recorremos, para tal, aos conceitos de heteronormatividade e de homonormatividade, com o intuito de rejeitar uma *heterocidadania* e invocando a teoria da interseccionalidade. São questionadas algumas aceções e terminologias da literatura a respeito dos fenómenos aqui focados e elaborados breves apontamentos quer sobre os efeitos da normatividade nas intimidades multimarginalizadas, quer sobre mitos frequentemente desenvolvidos sobre estas intimidades, quer ainda sobre as dificuldades na procura e na obtenção de apoio por parte de pessoas envolvidas nestas situações de violência íntima. Por último, sugerimos um roteiro-em-aberto para a intervenção psicossocial relacionada com as violências íntimas, oferecendo pistas de pensamento e de ação congruentes com as óticas de análise e de reflexão transversais a este capítulo.

Introdução: intenções e alcance do capítulo

Sensivelmente de há 30 anos a esta parte, investigações várias e oriundas de diferentes quadrantes geográficos têm posto a descoberto as violências que caracterizam alguns relacionamentos humanos. Ainda que a partir da década de 80 do século XX produções teóricas e empíricas tenham começado a debruçar-se sobre a "violência em casais do mesmo sexo", está por desenvolver um campo bem mais alargado de investigações a respeito das dinâmicas, da incidência e da prevalência, assim como sobre os efeitos psicossociais deste tipo de violência (West, 2008). Em Portugal, embora muito mais recentemente do que no panorama internacional, têm vindo a ser elaborados trabalhos que com diferentes (e complementares) olhares nos dão pistas relevantes para o entendimento e para a intervenção junto de situações de violência relacional entre "pessoas do mesmo sexo" (e.g., Antunes & Machado, 2005; Costa, 2008; Rodrigues, Nogueira & Oliveira, 2010, 2011; Santos, no prelo; Topa, 2009, 2010).

Procedendo a uma análise multidimensional das violências íntimas, este capítulo propõe-se revisitar conceitos e abordagens teóricas que subsidiam a compreensão destas violências. Sem sonegar os pesados custos pessoais e interpessoais que elas envolvem, é sobretudo para o entendimento das violências que estão para além dos processos relacionais e que os enquadram que este capítulo ensaia contribuir. Situamo-nos, por isso, numa lógica crítica que se debruça sobre as violências estruturais, ideológicas e estratégicas onde as violências íntimas mais amplamente se inscrevem.

Numa secção dedicada aos referenciais teóricos, são reclamadas algumas propostas teóricas que denunciam o pendor acrítico com que frequentemente é tomada a cidadania, no quanto ela tende a ser hegemonicamente heterossexualizada. Recorremos também a um corpo teórico de interesse crescente que versa a heteronormatividade e a homonormatividade, na rejeição de uma *heterocidadania* e no necessário apelo às perspetivas da interseccionalidade. Esta secção serve também para questionar fundamentadamente algumas das aceções e terminologias frequentemente encontradas na literatura a respeito dos fenómenos aqui focados.

Lançados os quadrantes teóricos que favorecem o entendimento alargado das violências íntimas, passaremos a alguns apontamentos relativos às sanções que os registos normativos fazem recair sobre as intimidades multimarginalizadas, aos mitos frequentemente desenvolvidos sobre estas intimidades e a uma apreciação sucinta das dinâmicas relacionais que as múltiplas formas de discriminação social desenham como violentas. Serão também brevemente referenciadas, para enriquecer a compreensão das questões em estudo, as dificuldades na procura e na obtenção de apoio por parte de pessoas envolvidas nestas situações de violência íntima, igualmente decorrentes da normatividade e seguindo o olhar interseccional aqui proposto.

A secção seguinte propõe um roteiro-em-aberto, que não tenta abarcar os diferentes contextos de intervenção psicossocial relacionada com as violências íntimas (porque tal seria demasiado ambicioso no espaço deste trabalho), mas antes sugere um conjunto de pistas para aquela intervenção congruentes com as óticas de análise e de reflexão transversais a este capítulo.

Reflexões Teóricas

O olhar interseccional sobre as violências da heterocidadania e da normatividade
Desde a década de 90, algumas aproximações teóricas à meta-narrativa da cidadania têm chamado a atenção para o seu pendor hegemonicamente heterossexualizado. Por contraposição, as mesmas propostas alertam para a necessidade de denunciar silêncios e exclusões sistematicamente jogados sobre outras modalidades relacionais que não as heterossexuais (e.g., Bell & Binnie, 2000; Carneiro, 2009; Carneiro & Menezes, 2007; Costa, Oliveira & Nogueira, 2011; Nogueira & Oliveira, 2010; Plummer, 2003). São vários os trabalhos que nessa linha de pensamento crítico sobre a cidadania lhe imputam, pois, um pendor regulador dos corpos, das práticas (discursivas) que denominam como *outras* as sexualidades não-normativas e os modos de relacionamento íntimo (e.g., Phelan, 2001; Richardson, 2000; Roseneil, 2006). Estes trabalhos constituem um desafiante e atrativo corpo conceptual por permitirem consciencializar processos ideológicos que dão suporte ao que neste trabalho queremos apelidar de *heterocidadania*. Desde logo, parece fazer-nos sentido esta designação pelo referido privilégio atribuído ao cidadão heterossexual, mas também porque assim se dá nome e se denuncia uma cidadania que é vinda de outrem, imposta, heterónoma, não promotora da autonomia pessoal e relacional, deste modo pressupondo racionalidades, linhas retas (*straight*) de ação e de pensamento que em nada abonam a possibilidade de compreender

as violências relacionais, sempre marcadas por uma multiplicidade (impossivelmente reta) de fatores. Daí falarmos neste capítulo de violências em sentido plural, tendo em conta essa multiplicidade e, com ela, a expressão multifacetada das relações íntimas marcadas por tais violências.

Com esta visão se justifica um alargamento da leitura sobre os direitos e os deveres integrados na cidadania que obrigue a uma rejeição firme e sistemática desse seu tendencial *hetero-olhar*, contraposto por conceitos como o de cidadania sexual ou o de cidadania íntima. Por cidadania sexual podemos entender, de acordo com Richardson (2000), "a expansão da conceptualização ampla da cidadania aos domínios sociais e institucionais nos quais se inscrevem as práticas e as identidades associadas à sexualidade" (p. 256). Trata-se portanto de um conceito que reclama diferenciar a cidadania, tomando por base o reconhecimento formal e social das diferentes orientações sexuais e identidades de género e destronando a normatividade hegemonizante das heterossexualidades (Carneiro, 2009; Costa, Oliveira & Nogueira, 2011).

Mais amplamente do que o de cidadania sexual, o conceito de cidadania íntima designa a construção livre de um sentido de si no âmbito de um amplo leque de relações de proximidade (amorosas e/ou sexuais, de amizade, de parentesco, entre outras), implicando o reconhecimento securizante destas relações por parte do Estado e da sociedade civil (Roseneil, Crowhurst, Hellesund, Santos & Stoilova, 2009). Nesta aceção de cidadania não estão necessariamente implicados elementos de sexualização, pelo que doravante o tomamos como quadrante referencial dada a sua possibilidade inclusiva e de contemplação de modos relacionais que não tenham que pautar-se por essa sexualização. De outro modo dito, desejamos a consideração de quaisquer espaços de construção relacional que pressuponham afetos de qualquer natureza, que não apenas sexual, romântica ou comummente tomada como amorosa, mas que possam ainda assim ser marcados por violências íntimas.

Na abordagem estrutural que aqui nos interessa defender, recorremos também à noção de heteronormatividade (e.g., Roseneil, 2006; Varela, Dhawan & Engel, 2011), noção já utilizada noutros trabalhos nacionais que versam as violências íntimas (e.g., Santos, no prelo; Topa, 2009, 2010). A heteronormatividade remete para "instituições, estruturas de compreensão e orientações práticas que fazem com que a heterossexualidade pareça não apenas coerente – quer dizer, organizada como uma sexualidade – mas também privilegiada"

(Berlant & Warner, 2000 as cited in Roseneil, 2006, p. 36). Mais além, este conceito não se constitui apenas por intermédio de critérios unívocos de sexualidade ou por referência às orientações sexuais; em vez disso, ele designa formas latas de nos concebermos face ao género, rejeitando essa impregnada e sistemática ficção que é a dicotomia ou a polarização homem *versus* mulher. Ao estabelecer-se como heteronormativo, o mundo relacional configura-se inevitavelmente como violento, ao impedir o (re)conhecimento de formas vastas e plurais de identificação com o que possam significar "homem" ou "mulher" (Magalhães, 2011; Santos, 2009). Por esta razão, torna-se problemático estreitar as violências íntimas a pessoas "do mesmo sexo" ou "do mesmo género" (como encontrado em várias aproximações ao tema – e.g., Peterman & Dixon, 2003; West, 2008). Dado que as pessoas envolvidas na construção das relações íntimas podem definir-se de modo diferenciado no que respeita quer ao seu sexo, quer ao seu género (ou a ambos), é limitador o recurso a estas denominações, pelo que mais uma vez se justifica a escolha da expressão violências relacionais íntimas sem que tenhamos de dizer "do mesmo sexo" ou do "mesmo género".

A heteronormatividade impele-nos também à reformulação profunda de determinismos biológicos retrógrados para legitimar as identidades de género (Stryker, 2008) e, com isto, leva-nos a recusar o projeto maníaco de naturalizar os processos relacionais e de os inscrever sistemática e forçadamente nas lógicas das heterossexualidades (Halberstam, 2011)[1].

Subsidiária desta visão é a de homonormatividade (e.g., Ahmed, 2010; Duggan, 1994, 2003; Halberstam, 1998, 2011; Stryker, 2008), pela qual se faz perceber a exclusão que recai sobre sujeitos que não se enquadram num registo normativo de expressão dentro do seu "estatuto minoritário". A homonormatividade designa modos de exclusão com base no género, no sexo ou em quaisquer outros critérios que fazem com que esses sujeitos não cumpram um programa de experiências e de manifestação dessas experiencias segundo

---

[1] Estão implicadas na heteronormatividade não apenas relações hierárquicas de poder que definem a dominação masculina sobre as mulheres mas também, e por decorrência lógica, toda a panóplia de práticas e de discursos que veiculam modos encerrados de intersubjetividade de alguns homens na relação com outros homens ou de algumas mulheres na relação com outras mulheres, através de um sistema de poder que "em nome da honra" faz com que quem violenta seja também colocado/a em situação de vulnerabilidade (cf. Medrado & Méllo, 2008).

uma expectativa pré-determinada (e por isso não livremente escolhida) sobre a forma de se comportar como gay, lésbica, bissexual ou transexual/transgénero. Como nos diz Ahmed (2010), impor a homonormatividade é impor a adequação a um mundo onde já se decidiu o que é e o que não é aceitável na expressão das orientações sexuais e das identidades de género, é impor a obrigação moral de se ter uma boa conduta, de se ser apresentável como sujeito não-normativo, de sê-lo com boas maneiras, sem incomodar, sem ocupar um lugar não civilizado ou não conforme o que se espera que ajude a manter estrategicamente as "minorias" nos seus lugares, violentando por isso o sentido pessoal e a liberdade de expressão da não-normatividade, bem como os modos relacionais que se diferenciam no seio dessa não-normatividade.

Para uma leitura das situações de exclusão tantas vezes implicadas nas violências íntimas, interessa ainda recorrer neste trabalho à teoria da interseccionalidade (e.g., Cole, 2009; Collins, 1998; Davis, 1982; McCall, 2005; Oliveira, 2010; Nogueira, 2011)[2]. As identidades são construídas numa imbricada teia de pertenças sobrepostas e interseccionadas, o que impossibilita que as olhemos de modo uniforme – cabem aqui questões como o estatuto socioeconómico, as diferenças geográficas de residência (ruralidade/urbanidade), a classe social, a pertença étnica, as segregações laborais, bem como as referidas representações sobre masculinidade e feminilidade e a forma como estas representações são incorporadas e vivenciadas. Como referem Nogueira e Oliveira (2010), "se nos focarmos apenas nas identidades de género e sexuais isoladamente de outros aspetos da identidade, limitamos a nossa capacidade para compreender as necessidades complexas da comunidade LGBT em toda a sua diversidade" (p. 13).

Nas palavras de Sokolof e Dupont (2005), e em referência à importância das perspetivas da interseccionalidade para a abordagem das situações de violência relacional,

> estas perspetivas têm desafio a primazia do género como modelo explanatório da violência doméstica e têm enfatizado a necessidade de examinar de que modo outras formas de desigualdade e de opressão, como

---

[2] Para uma outra abordagem da relação entre a teoria da intersecionalidade e a violência conjugal lésbica, vide Santos (no prelo).

VIOLÊNCIAS ÍNTIMAS MULTIMARGINALIZADAS:PENSAR E AGIR CONTRA A NORMATIVIDADE

o racismo, o etnocentrismo, os privilégios de classe e o heterossexismo se intersetam com a opressão de género. Em virtude das várias contribuições deste corpo crescente de trabalhos, a literatura sobre violência doméstica tem-se tornado cada vez mais relevante para segmentos mais e mais diversos da nossa sociedade (p. 39).

Em suma, apela-se com esta visão interseccional à contemplação sistemática do que são "as diferentes localizações e os diferentes significados temporais e culturais de sujeitos não heterossexuais com diferentes e sobrepostas características pessoais e relacionais que geram diferentes e múltiplas formas de preconceito e de exclusão" (Gato, Carneiro & Fontaine, 2011, p. 158). A atenção a estas multiplicadas modalidades de exclusão é exigida pela necessidade de des-silenciar as situações de esconderijo, que o são tanto mais quanto mais as remetemos para a esfera do "doméstico". Sabemos que a conivência face aos silêncios é, em si, reforçadora destas situações de violência. Des-silenciar corresponde, pois, à vontade de ação orientada para a mudança social - é apenas quando as violências "saem de casa" que podem ser combatidas, porque podem ver-se e podem perceber-se os seus efeitos[3]. E por isto também não acolhemos a expressão "violência doméstica", por não se compadecer com este esforço de des-silenciamento das violências íntimas.

Uma última precisão terminológica com relevância para a reformulação dos entendimentos sobre as violências íntimas multimarginalizadas, em congruência com os referenciais que norteiam este trabalho, é a que se prende com a rejeição de expressões como "violência conjugal" ou "violência em casais". Naturalmente que estas expressões adquirem sentido em estudos, pesquisas ou reflexões que tomam por objeto as realidades construídas em espaços relacionais conjugais ou de casal. Contudo, e tendo em linha de conta que aqui atendemos ao facto de muitos estudos tenderem a "marginalizar o

[3] As conceptualizações feministas e as propostas de intervenção que delas decorrem são a este respeito de fundamental importância, já que, como enunciam Neves e Nogueira (2003), há nestas formas de entender o fenómeno das violências e de nelas agir um compromisso explícito com o esbater das fronteiras entre o público e o privado: "as reivindicações patentes nas abordagens feministas, claramente delatoras da recorrente tentativa de camuflagem social da violência perpetrada na esfera «privada», alertam para a existência de uma realidade silenciada" (p. 56). A estas propostas voltaremos brevemente mais adiante, na ligação com o roteiro sugerido para a intervenção psicossocial.

INTERVENÇÃO PSICOLÓGICA E SOCIAL COM VÍTIMAS

estudo do amor, da intimidade e do cuidado vividos para lá da realidade familiar" (Roseneil, 2006, p. 35), tais expressões não se coadunariam com o foco temático do presente trabalho.

Nos tentáculos da normatividade: esconder, manter, punir, mitificar e desamparar as violências íntimas

Das imposições heteronormativas e homonormativas decorrem violências traduzidas ora pela necessidade de esconderijo, ora pela sanção material e simbólica à expressão livre de identidades sexuais e de género não-normativas. O *passing*, entendido como o fingimento de se ser heterossexual molda, no resguardo desse esconderijo, estratégias de camuflagem identitária e resulta, como se percebe, em formas de isolamento e na impossibilidade de encontro de redes sociais e de identificação e de envolvimento com estas redes (Menezes & Costa, 1992). São por isso percetíveis as dificuldades e as violências que este fingimento traz ao estabelecimento de relações íntimas gratificantes, seguras, genuínas, com custos quer pessoais, quer relacionais (Carneiro, 2009). Como legitimar relações de intimidade através deste fingimento, como encontrar apoio nestas relações, que assim construídas emergem (ou, melhor dizendo, submergem) como uma "quase-relação" (por comparação às relações normativamente aceites e apoiadas)?

Face a este esconderijo pelo qual se pautam muitas das relações íntimas não-normativas, a literatura psicológica (e.g., Peterman & Dixon, 2003; Topa, 2009, 2010) aponta recorrentemente a existência de um "duplo armário", por se habitar uma intimidade que não é plenamente aceite ao nível social e relacional e porque a isto se junta a necessidade de escamotear as violências possivelmente existentes nessa intimidade (o que concorre para um acréscimo da dificuldade em recorrer a apoio, por estar em jogo tanto a revelação de uma intimidade não-normativa quanto a exposição das violências que caracterizam essa intimidade). Ainda assim, e em consonância com o que temos defendido neste trabalho, mais correto será falarmos num "múltiplo armário", se atendermos ao facto de múltiplas e interseccionadas formas de marginalização poderem conciliar-se nas vivências ocultas dos afetos e das intimidades.

A sanção material e simbólica da homonormatividade e da heteronormatividade faz-se também através de policiamentos constantes, de entre os quais têm especial saliência o *genderismo* e o ataque ou insulto de género (*gender-*

VIOLÊNCIAS ÍNTIMAS MULTIMARGINALIZADAS:PENSAR E AGIR CONTRA A NORMATIVIDADE

-*bashing*). O primeiro deve ser lido como ideologia que conduz à violentação das possibilidades de livremente se exprimir uma não conformidade de género com os padrões socialmente expectáveis e exigíveis. Como referem Nogueira e Oliveira (2010), "o *genderismo* é causador quer de opressão social quer de uma forma de vergonha psicológica, uma vez que pode ser imposto a uma pessoa, mas também, por outro lado, a pessoa pode internalizar estas crenças" (p. 96). E dele advém o ataque ou o insulto face a estas pessoas que não estão conformes a tais expectativas sociais face ao género o que, como se entende, compromete fortemente o bem-estar subjetivo e concorre em grande medida para o violento abalo da qualidade das relações íntimas que se edificam fora dos padrões normativos[4].

Aqui se encontram as razões profundas para o impedimento da expressão pública dos afetos, necessária às relações sempre que as pessoas nelas envolvidas assim o desejam. Como nos dizem Costa, Oliveira e Nogueira (2011), muitos dos sujeitos escutados no estudo por si conduzido referem não manifestar publicamente os seus afetos (ou manifestarem-nos de forma muito contida), pelo que tal manifestação se revela como um privilégio *heterossexualizado*. Segundo os mesmos autores, estas dificuldades de demonstração pública dos afetos traduzem a clivagem público/privado que suporta esse mesmo privilégio, remetendo as "diferenças" sexuais e íntimas para o espaço do privado e reforçando, assim, o que fizemos notar sobre os perigos da domestização das intimidades multimarginalizadas.

Nos quadros teóricos que têm referenciado este trabalho, estamos em condições de melhor entender dois mitos frequentemente documentados sobre as relações íntimas não-normativas. O primeiro destes é o que faz erradamente crer que:

> as agressões entre *gays* que vivem numa relação conjugal são lutas naturais entre homens (...) [o que vai a par com] a negação da existência de violência entre lésbicas (com a justificação de que as mulheres não são violentas (Topa, 2009, p. 14).

---

[4] Quer no que respeita ao *passing*, quer no respeita a estes policiamentos acrescem, mais uma vez, quaisquer outras possíveis formas de marginalização com base em critérios interseccionados de sancionamento da pessoa e dos seus relacionamentos.

INTERVENÇÃO PSICOLÓGICA E SOCIAL COM VÍTIMAS

O outro dos mitos prende-se com a ideia de que é mais fácil sair de uma relação íntima não normativa (seja ela marcada ou não por vivências violentas) do que terminar relações íntimas normativas (e.g., Rodrigues, Oliveira & Nogueira, 2010; Topa, 2009; Renzetti, 1992; West, 2008). Não é alheia a esta mistificação a ideia, também ela decorrente de estereótipos, de que a promiscuidade marca invariavelmente as relações entre homens e de que, por isso, estas relações não podem ser duradouras. Contrariando empiricamente tais formulações, o estudo de Carneiro (2009) mostra que uma grande percentagem dos sujeitos ali inquiridos, sejam homens autodefinidos como gays ou mulheres autodefinidas como lésbicas, atribuem importância às relações amorosas homossexuais quando se reportam quer a uma relação amorosa vivida (i.e., que dizem ter atualmente), quer a uma relação amorosa *idealizada* ou hipotética e que esta valorização relacional tem importância para a construção psicológica integrada de identidades sexuais não normativas. Como refere um representante associativo em comentário ao mesmo estudo, é preciso não esquecer que a instabilidade relacional e as suas consequências no plano emocional e na qualidade das relações amorosas que se estabelecem surge, para muitas das pessoas que experienciam relações íntimas socialmente discriminadas, por via da marginalização e das consequentes dificuldades de autoemancipação individual e não em virtude de características pessoais ou relacionais essencializadas, "naturais" ou intrínsecas aos sujeitos e/ ou às relações que entre si constroem.

Na verdade, e relembrando o olhar interseccional, as vivências íntimas não normativas estão sujeitas a stressores que decorrem de múltiplos fatores de exclusão, o que propicia décalages desenvolvimentais e experienciais entre os elementos das relações, décalages essas que fragilizam estas relações. Não reconhecer este peso das configurações contextuais da discriminação sempre ameaçantes do bem-estar pessoal e relacional é reforçar a violentação a que muitas destas relações estão votadas.

Nas suas manifestações, nos seus tipos e nas suas dinâmicas, as violências íntimas relacionais não-normativas encontram semelhanças com as que habitualmente são olhadas como normativas: a respeito de umas e de outras estão documentados fenómenos experienciais como a ameaça física e/ou verbal, a hostilização emocional, a humilhação em público, a perseguição persistente de um dos elementos da relação sobre o outro, o abuso sexual ou a presença de comportamentos que podem pôr em risco a vida de uma ou de várias pessoas (in)diretamente envolvidas no espaço da construção relacional (e.g., Antunes & Machado, 2005; Costa, 2008; Peterman & Dixon, 2003; Renzetti, 1992; Topa, 2009; West, 2008). Não obstante, as dimensões contextuais e ideológicas que aqui temos abordado fazem com que as intimidades violentas não-normativas apresentem especificidades. O isolamento social e a ausência de redes sociais de suporte a que antes aludimos em nada abonam, como facilmente se compreende, a possibilidade de procurar ajuda na tentativa de sair de espaços violentos de intimidade. Paralelamente, é frequente o receio de exposição da orientação sexual e/ ou da identidade de género do/a parceiro/a sem conhecimento e permissão do/a mesmo/a, o que também dificulta essa procura de ajuda. A isto se junta a possível interiorização de preconceitos sobre não se ser merecedor/a ou digno/a de uma relação ou sobre a impossibilidade de voltar a encontrar outra(s) pessoa(s) para reconstrução da intimidade, o que faz permanecer na relação violentamente vivida[5].

Olhemos ainda nesta secção, e em propósito sucinto, para as dificuldades na procura e na obtenção de apoio por parte de sujeitos que experienciam violências íntimas multimarginalizadas. As considerações anteriormente apresentadas sobre os processos relacionais e as dificuldades que nele se levantam justificaram em alguma medida tais dificuldades. Quando olhadas na sua inscrição formal e legislativa, é habitualmente referido (Rodrigues, Oliveira & Nogueira, 2010, 2011; Santos, no prelo) que a revisão do Código Penal de 2007 redefiniu o crime de violência doméstica por ter passado a integrar as pessoas de outro ou do mesmo sexo com quem o agente mantenha ou tenha mantido uma relação análoga à dos cônjuges, mesmo que não existindo coabitação. Contudo, e de acordo com Santos (no prelo), no que concerne à "violência conjugal lésbica, entendida enquanto atos de violência física, psicológica, simbólica e/ou sexual *não consensual* perpetrados no contexto de uma relação íntima, não são conhecidas medidas específicas de prevenção e combate a este tipo de violência".

---

[5] Para uma revisão mais exaustiva dos tipos e das dinâmicas que caracterizam a "violência entre casais do mesmo sexo" vide, e.g., Rodrigues, Oliveira e Nogueira, 2010; Topa, 2009.

INTERVENÇÃO PSICOLÓGICA E SOCIAL COM VÍTIMAS

Há então que perceber a recência destas alterações legais (e, com isso, a dificuldade de que esta abordagem jurídica tenha sido já suficientemente assimilada e disseminada para que o registo heteronormativo em que continua a olhar-se as situações de violência íntima se vá desvanecendo), ao que acresce (e como sempre, quando falamos de cidadania e da necessária conciliação entre os seus domínios formais ou legais, por um lado e de mudança nas práticas sociais, por outro) o muito que há a fazer no apoio a prestar a estas pessoas, dadas as posições profundamente heterossexistas que continuam a caracterizar este apoio (Costa, Oliveira & Nogueira, 2011).

Os estudos exploratórios de Topa (2009, 2010) e de Rodrigues, Oliveira e Nogueira (2010) mostram-nos, por um lado, as dificuldades que as pessoas nesta situação têm em saber a quem recorrer, em confiar na atuação e na qualidade do apoio que lhes pode ser prestado (por parte dos tribunais, dos magistrados, de profissionais da psicologia e/ ou de forças e de agentes de segurança) e, por outro lado, a incapacidade e o desconhecimento (quando não exclusão, a negligência e/ou a produção de respostas estigmatizantes às situações de violência íntima) das pessoas que lhes poderiam prestar ajuda. Outra problemática prende-se com a ausência de locais que possam acolher com segurança pessoas envolvidas em situações de violência (como os centros de acolhimento e apoio a vítimas ou as casas-abrigo), uma vez que os (poucos) locais existentes não abrangem ainda situações não-normativas, pelo que o apoio institucional se revela ainda mais fragilizado.

Assim, e resumindo o que nesta subsecção nos ocupou,

> as representações dominantes acerca da própria homossexualidade, marcadas em boa medida pela homofobia, por uma perspetiva heterossexista e heteronormativa, por valores conservadores em matéria de direitos conjugais de uma minoria, têm implicações na construção de uma estrutura de apoio eficaz a vítimas homossexuais (Topa, 2009, p. 46).

Um roteiro-em-aberto para a intervenção psicossocial afirmativa-integrativa

Numa primeira apreciação das intenções globais que regem o roteiro aqui sugerido para a intervenção psicossocial nas violências íntimas multimarginalizadas, cabe dizer, em primeira instância, e de acordo com Monteiro (2011), que urge o compromisso com uma prática interventiva policromática e crítica que se insurja contra os intentos reguladores e normalizadores pelos quais os discursos de cidadania tão frequentemente se deixam aliciar. Aliás, termos recorrido à designação de *heterocidadania* e termos exposto os efeitos violentos das normatividades foi nosso propósito de recusa, precisamente, face a esses intentos. Que a intervenção psicossocial sugerida siga essa prática policromática é, ademais, uma contribuição para uma outra cidadania (que não uma cidadania de outrem, que não a *heterocidadania*), capaz de ir ao encontro das múltiplas necessidades que o olhar interseccional deu a perceber relativamente às violências íntimas tal como aqui têm sido abordadas.

Ao poderem e deverem contribuir, no decurso dos complexos processos que caracterizam a intervenção psicossocial vocacionada para as situações relacionais violentas, para a consciencialização do caráter opressivo e socialmente discriminatório do tratamento dado às identidades não-normativas, os/as profissionais devem dirigir uma particular atenção à forma como a linguagem da cidadania merece adequações particulares a essas situações. Quer com isto significar-se que o conhecimento das limitações formais que rodeiam o tratamento dado às violências íntimas deve caminhar lado a lado com o conhecimento atualizado das dificuldades encontradas nas questões sociais e institucionais que tais violências suscitam. Não o fazer é potenciar a frustração e a ineficácia da intervenção psicossocial.

Este roteiro-em-aberto é também um apelo à criatividade e à consciência crítica necessárias ao entendimento de cada situação em particular, nas suas configurações sempre multifacetadas, porque multimarginalizadas. Trata-se, com isto, de pensar e de agir segundo modos de intervenção a que designaremos como afirmativos-integrativos. Afirmativos por se apoiarem nas intenções da psicologia afirmativa (e.g., APA, 2000; Carneiro, 2009; Menezes & Costa, 1992; Moita, 2001, 2006; Moleiro & Pinto, 2009), centrada nas adversidades contextuais e nos processos opressivos que alicerçam o mal-estar psicológico (e, por isso, relacional) de pessoas com identidades que se furtam à hetero e à homonormatividade. Integrativos por serem capazes de considerar e de salientar no decurso da intervenção o olhar interseccional adotado neste trabalho. Percebendo e suportando as múltiplas e interseccionadas formas de viver identidades e *sublinhando os silêncios* (Monteiro, 2011) que encerram as violências íntimas, uma intervenção psicossocial afirmativa-integrativa surge-nos como aquela que é mais capaz de apoiar genuína e cuidadosamente as modalidades relacionais que violentamente tendem a ser silenciadas. Tal como a descrevemos, esta forma de intervenção contraria a tendência ideológico-social, corroborada por abordagens que se fingem científicas (inclusive no domínio da psicologia), para fagocitar a diversidade humana através de modelos de pensamento e de ação denominados como assimilacionistas: estes modelos assimilacionistas têm ganho território na psicologia, que classicamente contribuiu para uma integração das *culturas alternativas* na *cultura dominante* (Neves, 2007).

Se não apostados/as numa oposição consciente aos propósitos de diluição das diferentes "diferenças" identitárias e relacionais na normatividade, os/as profissionais de ajuda constituem-se, também eles/as, como sujeitos coniventes com as violências relacionais e como agentes ao serviço dessa segregadora tendência assimilacionista. Como bem alerta Méndez (2010), temos de escapar e fazer escapar a esta tendência, reconhecendo toda e qualquer forma de discriminação formal e socialmente legitimada, num olhar complexo que contribua para evidenciar estratégias de poder, normas sociais naturalizadas, efeitos não desejados das políticas públicas, assim como temos de dar voz a quem está nas (múltiplas) margens.

A capacidade para perceber, desde logo, que aspetos como um baixo estatuto socioeconómico ou a residência num meio desfavorecido dificultam em grande medida o acesso a profissionais de ajuda, a instâncias legais e/ou a forças de segurança que auxiliem o entrave à prossecução das vivências íntimas multidiscriminadas ilustra estes propósitos afirmativos-integrativos da intervenção. Cabe, portanto, às pessoas que praticam intervenções nestas situações violentas refletir sobre a diferenciação dos casos com que se deparam, auscultando formas de exclusão que se intersectam em cada um desses casos e que podem merecer uma multiplicação dos esforços interventivos em função desses múltiplos critérios de exclusão. Há que interrogar, cuidadosamente, que recursos mobilizar tanto para o apoio a cada uma das pessoas envolvidas nas violências íntimas como para a dinâmica relacional que, consequentemente, se configura também como violenta em função destas exclusões intersectadas.

No âmbito destas propostas afirmativas-integrativas tem sentido sublinhar a centralidade que as práticas discursivas assumem no seio de tais propostas.

Se, como dissemos, estas práticas discursivas dão substrato à *heterocidadania* e à normatividade violentadora da pessoa e das suas construções relacionais, então as mesmas práticas serão de importância nuclear para a intervenção psicossocial, no quanto potenciam a desconstrução desse pano de fundo que molda as violências íntimas multimaginalizadas. Um enfoque linguístico centrado nas práticas discursivas que moldam e configuram as práticas sociais subjacentes às violências íntimas envolve a transformação radical destas práticas, já que obriga a repensar novos modos relacionais (que não experienciados como violentos) e a revestir de outros sentidos semânticos, pragmáticos e ideológicos as mesmas práticas. Não esquecendo ou sonegando que as violências íntimas têm substrato material, uma perspetiva focalizada nas práticas discursivas que operam em torno da violência é crucial para a compreensão aprofundada das posições ocupadas pelas pessoas direta ou indiretamente envolvidas nos processos de violentação e pelos/as profissionais que direta ou indiretamente acolhem, acompanham ou (re)encaminham casos relacionados com esses processos. Uma dicotomia ou uma polarização das práticas discursivas em apreciações valorativas como humano/desumano, aceitável/reprimível, agressão/vitimização obscurecem a complexidade e o espectro de vivências nos contextos das violências, sonegam o caráter estrutural que defendemos ser próprio destes contextos e colocam na pessoa a (in)determinação e a culpa ou responsabilidade pelo sofrimento que (in)conscientemente experiencia. Como apontam Medrado e Méllo (2008),

> qualquer acontecimento, sejam os caracterizados como violentos ou não, são modos afirmativos de o ser humano viver, ainda que suas consequências sejam indesejáveis. Assim, tratar como "não-humano" práticas violentas engendradas por seres humanos não nos parece um caminho que favorece a transformação social (p. 79).

Ainda que se tendo afirmado que o género não assume primazia na abordagem das violências (porque imiscuído noutras características identitárias igualmente contributivas da exclusão), não deixa de ser verdade que a desconstrução das representações rígidas de género favorece uma prática de intervenção como a que aqui sugerimos. As abordagens das situações de violência exigem posicionamentos críticos que ajudam a relativizar o que possa querer dizer "homem" ou "mulher", por serem estas categorias (in) formadas pelos contextos históricos em que se situam, ajudando então a reconfigurar leituras sobre os processos psicodesenvolvimentais que elaboramos em redor de tais categorias. Através desta desconstrução, favorece-se uma tomada de posição crítica que indaga profundamente as estratégias de poder que nos remetem para mundos divididos, sexistas, polarizados e que obriga a refletir sobre quão regidas por essas estratégias são as práticas institucionais, culturais, de investigação e de intervenção psicossocial relacionadas com as violências íntimas[6].

Para o desenvolvimento desta tomada de posição crítica concorrem certamente os princípios das abordagens e das intervenções feministas (vide, e.g., Neves & Nogueira, 2003; Nogueira & Oliveira, 2010; Oliveira, 2010; Richardson, 2000; Sokoloff & Dupont, 2005), em consonância com o que no espaço dos referenciais teóricos deste capítulo fizemos notar sobre a desprivatização das violências íntimas multimarginalizadas e sobre os mitos recorrentemente desenvolvidos a respeito desta violências, também estes alimentados por posições sexistas, ao postularem uma rigidez de papéis de género que faz entender como "natural" a luta entre os homens e como inexistente o maltrato entre as mulheres ou como facilmente abandonáveis as relações de intimidade multimarginalizadas.

Faz-nos aqui sentido adotar a sintetização sugerida por Neves e Nogueira (2003) dos princípios que guiam as práticas psicoterapêuticas feministas e conciliar estes princípios com a abordagem das violências íntimas que temos vindo a propor, salientando em primeira instância o papel da reflexividade. Constituindo-se enquanto um meta-princípio e como uma ferramenta crítica que questiona em profundidade o pretenso substrato "objetivo" ou "neutro" da ciência (psicológica) e que se opõem veementemente a esse substrato, a reflexividade instiga à interrogação construtiva sobre os valores subjetivos,

---

[6] O trabalho de Hassouneh e Glass (2008) dá a perceber como estereótipos ocidentais sobre papéis de género afetam as mulheres, tanto heterossexuais como lésbicas, no sentido de dificultarem a sua capacidade para pedir ajuda relacionada com experiências de violência. O mesmo trabalho mostra ainda que as pessoas que trabalham com situações de violência tendem a responder mais positivamente a mulheres que são conformes aos estereótipos de género (i.e., que cumprem o estereótipo da feminilidade), o que revela a dificuldade em respeitar a diversidade que fomos defendendo ser inerente a essas situações.

as crenças e/ou os preconceitos que os/ as profissionais da ajuda psicológica desenvolvem e que mais particularmente desenvolvem, raramente de forma consciente, face às situações relacionais de intimidade marcadas por (múltiplas) violências. Se as práticas discursivas haviam sido já por nós anotadas como cruciais neste roteiro-em-aberto, convoca-se agora um sistemático questionamento sobre que consciência, que (re)conhecimento, que (in)capacidades são experimentadas pelos/as psicólogos/as na ligação com essas práticas discursivas e sobre a relação entre estes processos pessoais e a (in)eficácia das intervenções que aqueles/as profissionais implementam nos diferentes contextos das intimidades multimarginalizadas. Está aqui implicado, pois, outro dos princípios elencados por aquelas autoras a respeito das intervenções psicoterapêuticas feministas: o do necessário estabelecimento de uma relação igualitária entre terapeuta e cliente, para que maximamente sejam reduzidas diferenças de poder nos espaços estruturados e reflexivos de ajuda às violentas íntimas multimarginalizadas. Como não exigir essa relação psicoterapêutica igualitária se o que justifica a procura de tal relação são, precisamente, os poderes desiguais? Como pode querer contribuir-se para a mudança, se o espaço de encontro e de ajuda reproduz estruturas de desigualdade que fora deste espaço sustentam as violências e a multimarginalização das intimidades?

Também o princípio do respeito e da aceitação empática e incondicional da diversidade pessoal e dos contextos sociais em que se inscrevem as nossas vidas emerge como basilar para a compreensão da variabilidade das formas como vivenciamos as relações, variabilidade que repetidamente neste trabalho se postulou.

Mas não apenas aqui se esgotam as contribuições das perspetivas feministas para a intervenção psicossocial afirmativa no âmbito das problemáticas de que nos temos ocupado. Ao defenderem que "os/as clientes devem ser ajudados/as a diferenciar as políticas inerentes a estruturas societais sexistas, racistas ou homofóbicas [a par de quaisquer outras formas de marginalização das intimidades relacionais] que influenciam as suas vidas" (Neves & Nogueira, 2003, p. 55), estas perspetivas são diretamente tradutoras da posição afirmativa que norteia o roteiro-em-aberto que estamos sugerindo. Quando desenvolvem trabalho para auxílio às situações de intimidade pautadas pelas violências, os/as psicólogos/as devem colocar as problemáticas que justificam a sua atuação nas molduras ideológicas e culturais dessas situações e não na(s) pessoa(s) que as vivem, rejeitando a patologização e abraçando a valorização pessoal. Assumir uma posição psicoterapêutica afirmativa é isto, precisamente: a capacidade de ajudar a(s) pessoa(s) a perceber(em) que não é em si que residem intrinsecamente os problemas mas que em vez disso residem nas propriedades diferenciais dos seus contextos e das suas relações íntimas, bem como a capacidade de ajudar a compreender, sem culpabilizar e pelas mãos da "construção de uma realidade terapêutica e social paritária onde a democracia, a igualdade e justiça social sejam valores imperativos" (Neves & Nogueira, 2003, p. 56), que o sofrimento relacional decorre da opressão a que se está e de que se é sujeito/a.

A par do que anteriormente se disse, advogar a intervenção afirmativa-integrativa é reclamar o desenvolvimento de uma sensibilidade clínica e cultural às realidades subjetivas e relacionais sempre subjugadas nas violências íntimas multimarginalizadas. Dotar de competências éticas, clínicas e multiculturais (e.g., APA, 2000; Carneiro, 2009, no prelo; Moleiro & Pinto, 2009; Neves, 2007) estudantes, bem como profissionais não familiarizados/as com estas problemáticas, é fundamental para que sejam capazes de reconhecer e responder à diversidade que dissemos ser inerente às violências íntimas, rumo a práticas de intervenção culturalmente competentes (Mann, 2000; Peterman & Dixon, 2003; Sue & Sue, 2008).

Consistentemente com a linha de pensamento seguida neste trabalho, entende-se por intervenção psicológica multicultural aquela que conhece amplamente as características sociais e históricas que definem o estar-no-mundo de cada uma e cada um de nós, com uma sensibilidade particular e acurada por parte de profissionais da psicologia às experiências (intersectadas) de discriminação social. Quando dotados/as de competências multiculturais, os/as psicólogos/as reconhecem as limitações que podem ter (mas também superar, desde que com um treino constante e com um tempo longo de reformulação) na compreensão cada vez mais profunda das "diferenças" e das razões estruturais das violências íntimas. Tais competências são, portanto, as que não se compadecem com a manutenção ou com a punição das relações íntimas experienciadas como violentas, numa postura crítica *reativa*, porque denuncia aquelas razões estruturais. Paralelamente, estas mesmas competências desmitificam as ideias que vimos serem recorrentemente

VIOLÊNCIAS ÍNTIMAS MULTIMARGINALIZADAS:PENSAR E AGIR CONTRA A NORMATIVIDADE

pré-concebidas a respeito das intimidades violentas multimarginalizadas e impedem o desamparo das pessoas envolvidas nestas intimidades, através de um posicionamento crítico *pró-ativo*, porque auxilia a modificação do tecido ideológico e cultural que a todas e a todos nos violenta, contribuindo para a mudança social e desta fazendo um compromisso inescapável das conceptualizações e das intervenções psicológicas (e.g., Carneiro, no prelo). As pessoas que desenvolvem competências multiculturais de ajuda e suporte à superação de violências íntimas vão-se tornando progressivamente mais capazes de identificar os problemas (múltiplos e possivelmente interseccionados) que conduzem ao que é vivenciado como violento, assim como vão sendo mais e mais capazes de avaliar os seus próprios processos e preconceitos face às realidades com que trabalham.

Como resumem Moleiro e Pinto (2009), trata-se de consciencializar estes processos e preconceitos numa relação estreita com o conhecimento profundo sobre os "grupos minoritários, a sua história, valores, práticas, processos de discriminação e estigmatização, bem como dos modelos de aculturação e/ou desenvolvimento da identidade" (p. 163). Mais especificamente há que: (i) fazer dotar de conhecimentos sobre as dinâmicas históricas, sociais e ideológicas próprias das violências íntimas multimarginalizadas e sobre quais as configurações e dinâmicas específicas que estas assumem na contemporaneidade (a que brevemente aludimos) e (ii) desenvolver conhecimentos que abranjam também temas e pesquisas sustentados sobre os aspetos legais e jurídico-forenses que se relacionam com estas violências (inclusive por intermédio da consciencialização da falta de apoio, do desconhecimento e dos preconceitos antes revistos neste trabalho).

Ainda no âmbito dos esforços para o desenvolvimento de competências clínicas e culturais por parte de profissionais de ajuda, a formação intensiva e extensiva sobre questões relativas à saúde e à saúde mental das pessoas que vivenciam intimidades violentas é de grande mais-valia, bem como a articulação entre profissionais e associações cujo trabalho se destine ao apoio à comunidade LGBT (Carneiro, 2009; Santos, no prelo). Deixa-se também o apelo à constituição de grupos e de formas individualizadas de apoio especializadamente suportivas para pessoas que vivenciam violências íntimas não-normativas, tanto nestas associações LGBT como em organizações ou instituições que desenvolvem trabalho no âmbito do combate à violência, para que aí se

INTERVENÇÃO PSICOLÓGICA E SOCIAL COM VÍTIMAS

esteja ciente das particularidades destas violências e para que se lhes possa dar respostas significantes e clínica e culturalmente competentes.

Neste roteiro-em-aberto sintetizamos ainda algumas das pistas que a literatura psicológica tem proposto para o desenvolvimento de atividades e de esforços concretos de apoio psicoterapêutico a pessoas que se furtam à vivência e à expressão normativa das orientações sexuais e das identidades de género e que experienciam situações de violência (e.g., Hassouneh & Glass, 2008; Rodrigues, Oliveira & Nogueira, 2010; Peterman & Dixon, 2003; Sofoloff & Dupont, 2005; Topa, 2009).

A compreensão de que a atuação psicoterapêutica nestas realidades comunga de alguns dos princípios que orientam processos de apoio psicossocial dirigidos à violência instalada em relações (ditas) normativas não deve, contudo, obscurecer as especificidades que vimos serem próprias das violências íntimas multimarginalizadas. O medo, a vergonha, o desejo de proteção da(s) pessoa(s) com quem se estabelecem as intimidades e/ou de elementos da família são, no caso da múltipla estigmatização, processos mais pronunciados e merecedores de estratégias de intervenção específicas. Pessoas envolvidas em relações violentas multimarginalizadas têm dificuldade acrescida, como se percebe, em reconhecer e em admitir o abuso, em confiar numa pessoa ou numa rede de pessoas (profissionais e/ou outras) que possam ajudá-las.

Neste sentido, as técnicas de escuta ativa, de clarificação dos problemas, de reflexão longa (e apropriada à capacidade reflexiva de cada uma das pessoas a necessitarem de ajuda), de reformulação de expressões verbais e não-verbais muitas vezes confusas e desorganizadas sobre o que está sendo dolorosamente vivido são veículos para o estabelecimento de uma relação psicoterapêutica confiante e suportiva (Hassouneh & Glass, 2008; Peterman & Dixon, 2003). Através do recurso cuidado e particularizado a estas técnicas, "os/as psicólogos/as podem transmitir aos/às clientes que estes/as têm valor e que se preocupam com eles/as, o que pode ser já terapêutico por si mesmo" (Peterman & Dixon, 2003, p. 45)[7].

---

[7] Relembre-se que aquando da referência às propostas de intervenção feministas, havíamos já feito valer a relevância desta valorização pessoal do/a cliente.

VIOLÊNCIAS ÍNTIMAS MULTIMARGINALIZADAS:PENSAR E AGIR CONTRA A NORMATIVIDADE

Pese embora a relevância destas estratégias de atuação e de suporte, os/as profissionais devem manter presente que *qualquer* modalidade relacional sentida como violenta tem de ser apoiada segundo princípios de intervenção que dão protagonismo central a quem a vive, não sendo por isso legítimo forçar tomadas de decisões que não sejam sentidas como portadoras de significado por parte de quem procura ajuda. Neste respeito pelas capacidades diferenciais de cada pessoa para enfrentar as situações que a violentam, há que aceitar que é tão legítima a escolha de mudar essas situações quanto a escolha de nelas permanecer (Sokoloff & Dupont, 2005). De resto, as propostas conceptuais e interventivas que avançámos no presente capítulo não se compadeceriam com o desrespeito por estas escolhas, tendo em conta a complexidade de fatores estruturais que levam à multimarginalização e que, com isso, fazem perceber que forçar a uma determinada forma de reagir ao que é vivido é responsabilizar indesejavelmente quem sofre em vez de apontar o dedo, como dissemos ser desejável, àquela complexidade de fatores.

Efetivamente, quando a intervenção psicoterapêutica nas violências íntimas multimarginalizadas (à semelhança da intervenção em qualquer outra problemática relacional que queiramos considerar) é orientada para promover um espaço de encontro no qual "estes/as clientes resolvem os seus próprios problemas, eles/as tendem a ficarem muito mais confiantes e satisfeitos/as com as soluções que veem como possíveis" (Peterman & Dixon, 2003, p. 45).

Fazemos nossas as palavras de Medrado e Méllo (2008) quando convidam a que

> mais do que um espaço de tratamento, (...) seja criado um espaço de escuta. Obviamente, não é a busca de um final novelesco, feliz, mas da instauração da dúvida sobre as certezas que levaram ao acontecimento violento (...). Apostamos nisso: nessas condições de circulação da diversidade para se refazer escolhas e para se contrapor à violência (p. 85).

Breve conclusão... ou "a liberdade para respirar"

Pelo que nos momentos anteriores dissemos, caberá, no que respeita à intervenção junto de pessoas que experienciam modalidades relacionais caracterizadas pelas violências, perceber que esta é ainda uma modalidade de intervenção necessitada de maior conhecimento e de maior fundamentação sobre as realidades a serem apoiadas.

Não tendo querido esgotar o leque de possibilidades interventivas junto das pessoas que vivenciam violências íntimas multidiscriminadas, este roteiro foi dado em aberto como forma de apelo à adequação criativa das pistas neles sugeridas por diferentes profissionais, em diferentes contextos e em diferentes formas de experienciar (pessoal e relacionalmente) a complexidade dessas violências. Sobretudo, deve ficar a ideia de que a intervenção psicossocial não pode nunca, sob pena de contribuição para as violências aqui analisadas, constituir uma ferramenta de opressão, de normalização e de valorações morais sobre quem dela necessita.

É acolhendo o pensamento de Ahmed (2010) que podemos pensar que a infelicidade e as violências que a compõem estão muitas vezes na falha do reconhecimento dos relacionamentos e das identidades não-normativas e que é a assim que estrategicamente se empurra a infelicidade para as margens. Também com ela vale a pena deixarmos interrogado que tipo de narrativas não-normativas sobre parentesco podem ser contadas, podem ser tornadas possíveis e devem ser apoiadas.

Como bem escreve Ahmed (2010),

> é difícil lutar sem aspirações, e as aspirações são difíceis de conseguir sem lhes dar alguma forma. Poderíamos lembrar-nos que a raiz Latina da palavra aspiração significa "respirar" (...). Com a respiração vem a imaginação. Com a respiração vem a imaginação. Se a política *queer* é sobre a felicidade, isto pode significar somente a liberdade para respirar (p. 120).

Referências

Ahmed, S. (2010). *The promise of happiness*. Durham and London: Duke University Press.

Antunes, R., & Marchado, C. (2005). Dupla invisibilidade: A violência nas relações homossexuais. *Psychologica, 39*, 167-187.

American Psychological Association - APA (2000). Guidelines for psychotherapy with lesbian, gay, and bisexual clients. *American Psychologist, 55* (12), 1440-1451.

Bell, D., & Binnie, J. (2000) *The sexual citizen: Queer politics and beyond*. Cambridge: Polity Press.

Carneiro, N. S. (2009). *"Homossexualidades": Uma psicologia entre ser, pertencer e participar*. Porto: Livpsic.

Carneiro, N. S. (no prelo). Contra a "violência de inexistir": Psicologia crítica e diversidade humana. *Psicologia & Sociedade*.

Carneiro, N. S., & Menezes, I. (2007) From an oppressed citizenship to affirmative Identities. *Journal of Homosexuality, 53* (3), 65-82.

Cole, E. (2009). Intersectionality and research in psychology. *American Psychologist, 64*, 170-180.

Collins, P. H. (1998). It's all in the family: Intersections of race, gender, and nation. *Hypatia, 13* (3), 62-82.

Costa, C. G., Oliveira, J. M., & Nogueira, C. (2011). Cidadania sexual? Paradoxos da heteronormatividade. In A. I. Sani (Coord.), *Temas de vitimologia: Realidades emergentes na vitimação e respostas sociais* (pp. 136-149). Coimbra: Almedina.

Costa, L. (2008). *Violência nas relações homossexuais: O (des)cobrir de uma realidade*. (Tese de Mestrado não publicada). Escola de Psicologia - Universidade do Minho. Braga.

Davis, A. (1982). *Women, race and class*. London: The Women's Press.

Duggan, L. (1994). Queering the state. *Social Text, 39*, 1-14.

Duggan, L. (2003). *The twilight of equality? Neoliberalism, cultural politics and the attack on democracy*. Boston: Beacon Press.

Gato, J., Carneiro, N. S., & Fontaine, A. M. (2011). Contributo para uma revisitação histórica e crítica do preconceito contra as pessoas não heterossexuais. *Crítica e Sociedade: Revista de Cultura Política, 1 (1), 139-167*.

Halberstam, J. (1998). *Female masculinity*. Durham: Duke University Press.

Halberstam, J. (2011). *The queer art of failure*. Durham and London: Duke University Press.

Hassouneh, D., & Glass, N. (2008) The influence of gender role stereotyping on women's experiences of female same-sex intimate partner violence. *Violence Against Women, 14* (3), 310-325.

Magalhães, S. I. (2011). *Como ser uma* Ragazza: *Discursos de sexualidade numa revista para raparigas adolescentes.* (Tese de Doutoramento não publicada). Escola de Psicologia - Universidade do Minho: Braga.

Mann, S. A. (2000). The scholarship of difference: A scholarship of liberation? *Sociological Inquiry, 70,* 475-498.

McCall, L (2005) The Complexity of intersectionality *Signs: Journal of Women in Culture and Society, 30* (3), 1771-1800.

Medrado, B., & Méllo, R. P. (2008). Posicionamentos críticos e éticos sobre a violência contra as mulheres. *Psicologia & Sociedade, 20,* 78-86.

Méndez, R. P. (2010). Estrategias de afrontamiento frente al acoso escolar: Una mirada sobre las chicas masculinas. *Les Online, 2* (2), 35-51.

Menezes, I., & Costa, M. E. (1992) Amor entre iguais: A psicoterapia da diferença. *Cadernos de Consulta Psicológica, 8,* 79-84.

Moita, G. (2001). *Discursos sobre a homossexualidade no contexto clínico: A homossexualidade de dois lados do espelho.* (Tese de Doutoramento não publicada). Instituto de Ciências Biomédicas de Abel Salazar - Universidade do Porto: Porto.

Moita, G. (2006). A patologização da diversidade sexual: Homofobia no discurso de clínicos. *Revista Crítica de Ciências Sociais, 76,* 53-72.

Moleiro, C., & Pinto, N. (2009). Diversidade e psicoterapia: expectativas e experiências de pessoas LGBT acerca das competências multiculturais de psicoterapeutas. *Ex-Aequo, 20,* 159-172.

Monteiro, H. (2011). O sexo e a cidadania dissidente: ".... Onde todas as cores se misturam". *Les Online, 3*(1), 14-23.

Neves, S. (2007). Psicologia, diversidade social e multiculturalidade: Caminhos cruzados. *Psychologica, 45,* 125-145.

Neves, S., & Nogueira, C. (2003). A psicologia feminista e a violência contra as mulheres na intimidade: A (re)construção dos espaços terapêuticos. *Psicologia & Sociedade, 15* (2), 43-64.

Nogueira, C. (2011). Introdução à teoria da interseccionalidade nos estudos de género. In S. Neves (Ed.), *Género e Ciências Sociais* (pp. 67-78). Maia: Publismai.

Nogueira, C., & Oliveira. J. M. (2010). Introdução: Um olhar da psicologia feminista crítica sobre os direitos humanos de pessoas LGBT. In C. Nogueira & J. M. Oliveira (Orgs.), *Estudo sobre a discriminação em função da orientação sexual e da identidade de género* (pp. 9-17). Lisboa: CIG.

Oliveira, J. M. (2010). Os feminismos habitam espaços hifenizados: A localização e interseccionalidade dos saberes feministas. *Ex-aequo, 22,* 25-39.

Peterman, L., & Dixon, C. (2003). Domestic violence between same-sex partners: Implications for counseling. *Journal of Counseling & Development, 81,* 40-47.

Phelan, S. (2001) *Sexual strangers: Gays, lesbians, and the dilemmas of citizenship.* Philadelphia: Temple University Press.

Plummer, K. (2003) *Intimate citizenship: Private decisions and public dialogues.* Seattle and London: University of Washington Press.

Renzetti, C. M. (1992). *Violent betrayal: Partner abuse in lesbian relationships.* London: Sage.

Richardson, D. (2000). *Rethinking sexuality.* London, Thousand Oaks and New Delhi: Sage.

Rodrigues, L., Nogueira, C., & Oliveira, J. M. (2010). Violência em casais LGB. In C. Nogueira & J. M. Oliveira (Orgs.), *Estudo sobre a discriminação em função da orientação sexual e da identidade de género* (pp. 243-266). Lisboa: CIG.

Rodrigues, L., Oliveira, J. M., & Nogueira, C. (2011). A resposta institucional à violência entre casais LGB: Um estudo exploratório. In A. I. Sani (Coord.), *Temas de vitimologia: Realidades emergentes na vitimação e respostas sociais* (pp. 86-100). Coimbra: Almedina.

Roseneil, S. (2006). Viver e amar para lá da heteronorma: Uma análise *queer* das relações pessoais no século XXI. *Revista Crítica de Ciências Sociais, 76,* 33-51.

Roseneil, S., Crowhurst, I., Hellesund, T., Santos, A. C., & Stoilova, M. (2009). *Report on policy contexts and responses to changes in intimate life.* Femcit – Gendered Citizenship in Multicultural Europe: The Impact of Contemporary Women's Movements. Working paper 1.

Santos, A. C. (no prelo). Violência conjugal entre mulheres – um estudo exploratório no contexto português. In M. Duarte (Org.), *Entre consensos e controvérsias: Debates sobre a violência doméstica em Portugal.* Coimbra: CES /Almedina.

Santos, L. F. (2009). *Tornar-se homem: Dramaturgias em torno das apresentações de si, das emoções e dos afectos em palcos* offline *e* online. (Tese de Doutoramento não publicada). Escola de Psicologia - Universidade do Minho: Braga.

Sokoloff, N. J., & Dupont, I. (2005). Domestic violence and the intersections of race, class, and gender: Challenges and contributions to understanding violence against marginalized women in diverse communities. *Violence Against Women, 11* (1), 38-64.

Stryker, S. (2008). Transgender history, homonormativity and disciplinarity. *Radical History Review, 100,* 145-157.

Sue, D. W., & Sue, D. (2008). *Counseling the culturally diverse: Theory and practice.* New Jersey: John Wiley & Sons.

Topa, H. (2009). *Violência doméstica em casais homossexuais: Das representações sociais dos profissionais que trabalham com vítimas à vivência das vítimas.* (Tese de Mestrado não publicada). Faculdade de Psicologia e de Ciências da Educação - Universidade do Porto: Porto.

Topa. H. (2010). No arco-íris também há roxo: Violência conjugal nas relações lésbicas. *Les Online, 2* (1), 13-21.

Varela, M. C., Dahwan, N., & Engel, A. (2011) (Eds.). *Hegemony and heteronormativity: Revisiting the "political" in queer politics.* London: Ashgate.

West, C. M. (2008). Lesbian intimate partner violence. *Journal of Lesbian Studies, 6* (1), 121-127.

Agradecimento

Às pessoas que me cederam o privilégio da troca psicoterapêutica quando silenciavam as cores menos brilhantes das suas intimidades.

SOBRE AS/OS AUTORAS/ES

Alexandra Silva
Socióloga e investigadora no CESIS – Centro de Estudos para a Intervenção Social, onde tem dedicado particular atenção às questões da igualdade de género e, nos últimos anos, à violência contra mulheres, em particular idosas. No presente momento participa em projetos europeus de investigação sobre violência contra mulheres idosas e sobreviventes de violência doméstica. É co-autora de um conjunto de publicações dedicadas ao *mainstreaming* de género e tem publicado relatórios sobre igualdade de género e violência contra as mulheres.

Anita Santos
Licenciada e doutorada em Psicologia, na área de conhecimento em Psicologia Clínica, pela Universidade do Minho. Já exerceu funções de Professora Convidada na mesma Universidade e é atualmente Professora Auxiliar no Instituto Superior da Maia (ISMAI). É psicoterapeuta e supervisora em psicoterapia cognitivo-comportamental. Tem investigado no domínio da investigação em processos de psicoterapia narrativa e cognitivo-comportamental, nomeadamente na depressão e com vítimas de violência na intimidade (terapia individual e em grupo).

Cecília Loureiro

Licenciada em Psicologia e Mestre em Psicologia Clínica e da Saúde pelo Instituto Superior da Maia. Coordenadora do Projeto Mudanças com Arte II e Psicóloga no P'RA TI - Centro de Atendimento e Acompanhamento a Mulheres Vítimas de Violência da UMAR (Porto). Psicóloga no Projeto maismamã - Clínica de Preparação para o Nascimento com Apoio Psicológico.

Fábia Pinheiro

Licenciada em Psicologia e Mestre em Psicologia Clínica e da Saúde pelo Instituto Superior da Maia. Psicóloga estagiária, pela Ordem dos Psicólogos Portugueses, no P'RA TI - Centro de Atendimento e Acompanhamento a Mulheres Vítimas de Violência da UMAR (Porto).

Heloísa Perista

Socióloga, com doutoramento pela Universidade de Leeds, é investigadora sénior e membro da Direção do CESIS - Centro de Estudos para a Intervenção Social. Entre as suas áreas de investigação, as questões da igualdade de género têm conhecido particular relevo, tendo desenvolvido diversos estudos e participado em várias redes, de âmbito nacional e europeu, neste domínio.

Nos últimos anos tem sido responsável (ou co-responsável) pela realização de diversos trabalhos no domínio dos estudos de género e da violência contra mulheres, nomeadamente no âmbito de projetos transnacionais, trabalhos estes que têm dado lugar à publicação de vários artigos e livros, em Portugal e no estrangeiro.

Isabel Baptista

Antropóloga, com mestrado em Sociologia Urbana é investigadora sénior no CESIS – Centro de Estudos para a Intervenção Social, onde desenvolve a sua atividade desde 1993. Tem participado em e coordenado diversos projetos de investigação na área da Pobreza e da Exclusão Social. Coordenou vários projetos na área da Violência Doméstica, quer a nível nacional, quer europeu, nomeadamente no âmbito do Programa DAPHNE. É autora e co-autora de vários trabalhos neste domínio.

Jesús Montero-Marín

Doutorando em Saúde Ocupacional. Docente da Universidade de Zaragoza, Espanha. Autor e co-autor de várias publicações internacionais.

João Maria Pereira

Estudante da licenciatura em Psicologia no ISCTE/IUL, membro da unidade de investigação em Psicologia da Saúde e Saúde Ocupacional, co-autor de vários trabalhos na área da Psicologia da Saúde Ocupacional. Membro efetivo da Associação Portuguesa de Psicologia da Saúde Ocupacional. Membro da equipa técnica da MJP Consultores em comunicação, gestão e *coaching*.

João Paulo Pereira

Licenciado em Psicologia, Doutorado em Psiquiatria e Psicologia Médica pela Faculdade de Medicina da Universidade de Salamanca. Professor Auxiliar do Instituto Superior da Maia, Presidente da Direção da Associação Portuguesa de Psicologia da Saúde Ocupacional; Co-autor da Metodologia de Avaliação e Intervenção em Riscos Psicossociais - PPJM. Consultor da MJP Consultores em comunicação, gestão e *coaching*. Diretor Associado da *Think People*.

Maria João Cunha

Licenciada em Psicologia, Mestre em Psicologia Clínica do Desenvolvimento, Doutorada pela Faculdade de Medicina da Universidade de Salamanca. Professora Auxiliar do Instituto Superior da Maia (ISMAI), Presidente do Conselho Científico da Associação Portuguesa de Psicologia da Saúde Ocupacional. Co-autora da metodologia de avaliação e intervenção em riscos psicossociais - PPJM. Membro da equipa técnica da MJP Consultores em comunicação, gestão e *coaching*.

Marlene Matos

Mestre e doutorada em Psicologia, na área de conhecimento em Psicologia da Justiça, pela Universidade do Minho (UM). É Professora Auxiliar na Escola de Psicologia da mesma Universidade. É psicoterapeuta e coordena a Unidade de Psicologia da Justiça da UM. É também coordenadora do Curso Avançado de Curta Duração: Formação de peritos em Avaliação Psicológica Forense (UM). Tem dirigido projetos de investigação sobre *Stalking*, sobre Grupos de Ajuda Mútua para vítimas de violência doméstica e sobre vitimação múltipla de mulheres.

Marta Lamarão

Mestre em Psicologia Clinica e da Saúde pelo Instituto Superior da Maia (ISMAI). Membro efetivo da Associação Portuguesa de Psicologia da Saúde Ocupacional.

Michael P. Leiter

Professor e Diretor do Centro de Investigação e Desenvolvimento Organizacional da Universidade de Acadia, Nova Scotia, Canadá; Co-autor da designação de *Burnout*; Autor de referência internacional em várias publicações sobre *burnout*, *engagment*, civilidade e autor e dinamizador da metodologia de avaliação e intervenção em Psicologia da Saúde Ocupacional - "CREW".

Michelle J. Bovin

Doutorada em Psicologia Clínica pela *Temple University*. Está a realizar o pós--doutoramento na *Women's Health Sciences Division* do *National Center for PTSD* (*VA Boston Healthcare System*), no domínio dos antecedentes e dos tratamentos da perturbação de stresse pós-traumático sob a orientação da Professora Patricia Resick.

Nuno Santos Carneiro
Doutorado em Psicologia pela FPCEUP. Investiga nos domínios das sexualidades e das identidades de género, da cidadania e da psicologia crítica. Atualmente desenvolve um projeto de pós-doutoramento sobre as conceções e as práticas psicológicas em torno da diversidade humana e da justiça social com financiamento da FCT (Bolsa: SFRH/BPD/2010/68661). É membro integrado do CPUP, membro colaborador do CIPsi e *Visiting Research Fellow* da Universidade Metropolitana de Manchester.

Patricia A. Resick
Doutorada. Professora de Psiquiatria e Psicologia na *Boston University*. Diretora da *Women's Health Sciences Division* do *National Center for PTSD* (*VA Boston Healthcare System*). Trabalha há mais de 30 anos com vítimas de trauma, incluindo vítimas de violação, vítimas de outros tipos de crime e veteranos. Especialista no tratamento da perturbação de stresse pós-traumático desenvolveu para esta perturbação uma das abordagens terapêuticas mais validadas empiricamente, a *Cognitive Processing Therapy* (CPT), a qual está atualmente a ser implementada em hospitais públicos nos Estados Unidos da América, Canadá e Austrália.

Santiago Gaston
Licenciado em Psicologia. Doutor em Medicina Legal e Forense. Professor da Universidade de Zaragoza. Publicou diversos trabalhos em revistas internacionais sobre stresse laboral e violência no trabalho.

Sofia Neves
Licenciada em Psicologia e doutorada em Psicologia Social pela Universidade do Minho. É Professora Auxiliar e Investigadora no Instituto Superior da Maia (ISMAI) onde coordena a Licenciatura em Psicologia e projetos de investigação no domínio das Violências de Género. É autora de vários artigos em revistas da especialidade nacionais e internacionais, assim como de capítulos de livros e de livros, dos quais se destacam *Amor, Poder e Violências*

INTERVENÇÃO PSICOLÓGICA E SOCIAL COM VÍTIMAS

na Intimidade: os caminhos entrecruzados do pessoal e do político (2008), *Vitimologia: Ciência e Ativismo* (2010) e *Género e Ciências Sociais* (2011).

Soraia Soares
Mestre em Psicologia Clínica e da Saúde pelo Instituto Superior da Maia (ISMAI). Psicóloga estagiária na Associação Portuguesa de Psicologia da Saúde Ocupacional. Membro efetivo e secretária da direção da Associação Portuguesa de Psicologia da Saúde Ocupacional.

Stephanie Y. Wells
Licenciada em Psicologia, com formação complementar em *Public Policy Studies* e em *Child Advocacy* (*Hobart* e *William Smith Colleges*). Investigadora na *Women's Health Sciences Division do National Center for PTSD* (*VA Boston Healthcare System*). Tem em vista a realização de um doutoramento em Psicologia Clínica e pretende continuar a investigar nas áreas do trauma e da perturbação de stresse pós-traumático.

ÍNDICE

Prefácio (volume II) — 7

Terapia narrativa de reautoria com vítimas de violência doméstica — 11
Anita Santos* & Marlene Matos**
*Instituto Superior da Maia, Portugal
**Universidade do Minho, Portugal

Intervenção psicológica em grupo com mulheres vítimas de violência
de género na intimidade — 39
Cecília Loureiro*, Fábia Pinheiro* e Sofia Neves**
*P'RA TI – UMAR, Portugal
**Instituto Superior da Maia, Portugal

Nunca é tarde para agir!
Violência contra mulheres idosas no contexto das famílias — 63
Isabel Baptista, Alexandra Silva & Heloísa Perista
CESIS - Centro de Estudos para a Intervenção Social, Portugal

Terapias Focadas no Trauma para Sobreviventes de Violação — 89
Michelle J. Bovin*,**, Stephanie Y. Wells* & Patricia A. Resick*,**
*National Center for PTSD, VA Boston Healthcare System, EUA
**Boston University School of Medicine, EUA

Avaliação e intervenção psicológica no *burnout* e no *mobbing*:
Reflexões sobre um caso — 115
Santiago Gascon*, Michael P. Leiter**, João Paulo Pereira***,
Maria João Cunha***; Jesús Montero-Marín*, Soraia Soares****,

INTERVENÇÃO PSICOLÓGICA E SOCIAL COM VÍTIMAS

Marta Lamarão**** & João M. Pereira****
*Universidad de Zaragoza (Facultad de Ciencias Sociales y Humanas), Espanha
**Acadia University (Centre for Organizational and Development Research),
   Canada
***Instituto Superior de Maia e Associação Portuguesa de Psicologia da Saúde
   Ocupacional, Portugal
****Associação Portuguesa de Psicologia da Saúde Ocupacional, Portugal

Intervenção psicológica com mulheres adultas vítimas de tráfico humano
para fins de exploração sexual   143
   Sofia Neves
   Instituto Superior da Maia, Portugal

Violências íntimas multimarginalizadas:
Pensar e agir contra a normatividade   167
   Nuno Santos Carneiro
   Centro de Psicologia da Universidade do Porto, Portugal

Sobre as/os autoras/es   193